阮柔著

香港教育

——香港教育制度之史的研究——

莊澤宣署

香港教育

香港教育制度之史的研究

阮柔著

進步教育出版社出版

莊序

自抗戰第二年至太平洋事變發生時，香港成了華南教育文化的中心。在文化上，當時的香港確是盛況空前，全中國最負聲譽的報紙，最大規模的出版業，以及不少華南的優良學校，都在香港出現。嶺南大學亦躬逢其盛，在香港設立臨時校址，而學生人數遠在未遷港前之上。

嶺南大學原設有教育系，但在抗戰前二年因學系政策的變更改爲輔系，抗戰時屢擬恢復而未蒙中央批准。當時有志從事業教育工作的學生，乃在所謂「雙主修」辦法之下，選讀教育科目。阮柔同學即以歷史及教育爲雙主修，畢業將屆，以「香港教育制度之史的研究」爲論文題目，對於香港的教育背景，教育行政制度及學校系統分編論列。不獨使我國人士對於香港教育可以作進一步的認識，且亦對香港文化史有不少貢獻。

香港自太平洋事變發生後首遭敵人蹂躪，教育及文化事業摧殘殆盡。今勝利到臨已逾二年，香港教育及文化事業尚未一一復員。復員之義本非復原，香港今後設施或有更張之必要與可能。爲着供給過去資料以作今後設施改進張本，我們認爲阮君之作不無印行之價值。倘若確因此論文之印行，使香港教育當局得以檢討過去以爲將來興革的根據，則阮君之作，不僅對於香港且對於華南以至於整個中國，均將有不少影響。本人最近有緣赴港與香港新任教育司接談，深信香港教育在開明而有眼光之當局指導下，將有與舊日不同之發展，故樂於介紹阮君之作與世人相見。

卅六年十一月澤宣識於康樂

自序

香港教育制度之史的研究一書是一九四〇年一月脫稿的。本文當時由嶺南大學教育學教授曾昭森博士指導，其後經嶺大文學院院長莊澤宣博士及歷史政治學系主任鮑令留教授評定，接受爲嶺南大學畢業論文之一。依照嶺大的校章，本論文的正副手抄本各一份經於一九四〇年送交嶺大圖書館存卷（登記號碼爲一三三九〇二）。本論文早已有人借閱，亦卽早已以手抄本發表。

今日與論文最初問世之時相隔足八年了。在這八年當中，香港也曾遭遇過一個破天荒的變動。在本文的完稿的翌年，香港曾給日本人佔領三年零八個月，把香港第一百年的歷史告一段落。在日本人佔領期間，香港大學的圖書館全部損失，本文從那裏得來的參攷材料，許多已不易再覩了。本文是在香港戰前的環境寫成，又得到戰前的寶貴材料做參攷，所以，除了他的內容是一個歷史的研究之外，它的本身還帶着歷史性的意味了。

本文今日的出版，完全依照嶺南大學圖書館八年前的原稿藏本印出，一字沒有更改。它既是一個有階段性的歷史的研究，就不妨照它的原稿出版，無須乎以新近的發展予以補充了。作者一方面希望這文能夠給予欲明瞭香港教育的人士一個有用的參攷，一方面又希望有興趣於香港教育的研究的同人能有進一步的補充與修正。本文的完成，得力於曾教授的指導最多。從他的廣博的比較教育的學識與教學和治學的風格，作者得略窺比較學術之門，以從事這個研究。這是作者所永誌不忘的。此書之出版又蒙莊院長賜序及題字 以光篇幅，至深感激。合此致謝。

阮　柔

一九四八年於廣州嶺南大學

目次

第一編　香港和他的教育背景

第一節 引端

香港原本是一個荒島，但是經過一百年的經營，現在已經成為世界上第一等的商埠和軍港了。自從我國抗日戰事爆發以來，他更騰越到一個異常重要的地位；若果要和他的面積相比，眞是遠出乎他的等第了。因此對於香港的一切，人們都特別注意起來，幷且產生一點去求更確切的認識的動念。這個研究就是由這一類的動機底驅使，想把香港的教育制度做點有系統的研究，尤其是想把他的歷史與演進介紹出來。

我們在此時此地去研究香港的教育制度，不但要持學術的「客觀」態度，幷且要持着一個處世的「客氣」態度。因為今日中英關係和中國人與香港人的關係是不可傷害的；倘若這個研究報告是想和讀者見面，那就要成為不可缺少的條件了。所以那種含有詆毀性質的詞調如「愚民教育」，「奴隸教育」，「洋奴教育」都不是我們所願意採用的，況且任何一個地方的教育制度都是很複什的和多方面的，若果想單憑着一兩個片面的評語去認識他，未免是過於簡單了。

若果要明白香港的事業，制度，和問題，我們不可忘却他所處的地位的特殊。他底特殊地方，不是因為他在這兩年來對於中國的關係的重要——其實他之所以能夠發生這些重要的關係，祗是他特殊地位的果而不是他的因——他的特殊原因不單是因為他是遠東的大商埠，是歐亞運輸的孔道，和是一個頭等的軍港，而且因爲他是與中國的富庶的省份的地域相毗連，與中國的名城重鎮接近，而又完全屬於一個西方一等強國所主權的唯一領土。他是在中國的海岸綫之內，而又不是租界；和他的地位相類的則只有澳門，但澳門的主權不是屬於一個西方的一等強國。因爲香港的地位的特殊，所以他對於中國的經濟，政治，軍事，外交，和教育文化，都發生一種特殊的關係，這些關係有時是很和諧的，互惠的，美滿的，和合理的；但有時是衝突的，敵對的，怪異的，和不幸的。這些現象我們有時可以在香港的內部見出，有時可以在香港和中國的關係中見出。在目前，香港和中國各種的關係，正如中英關係一樣，都是異常美滿的了。

在過去，香港在南中國祇可稱爲貿易的中心，但在今日他居然要被稱爲華南的教育文化中心了。原來香港素來沒有人稱他爲教育文化的中心的，倘若有人這樣地稱許他，社會人士就會感覺那是過份的恭維了。我們還記得五年以前胡適之先生接受香港大學的榮譽學位的時候，他也曾說過一段這樣期許的話，他說：「所以我第一希望香港能實現爲第一個義務教育的地方，新的領袖，尤其接受新的文化，做新文化運動的領導者，以和平手段轉移守舊勢力，使香港成爲南方新文化中心。……然而現在不同了，香港最高教育當局，也想改進中國的文化，……諸位新領袖應該把着這新的轉機，推進這新的運動，我希望下次來港，各位有新的成績報告，這地方美極了，各位應該把牠做成南方文化中心。」（註一）

註一：華僑日報，民國廿四年一月六日，胡適之博士在華僑教育會講詞。

我們還可記得當時引起華南教育文化界的反響。但是世事眞有料想不到的，「曾幾何時」，胡氏的一段話居然變成先知的預言，確鑿的應驗了。(但是今日的情勢是胡氏當時夢想不到的)。現在全國最負聲譽的報館，最大規模的圖書印刷館，都遷來香港出版；大，中，小學校都有許多遷來，人數又增加了，「文化人」與「藝人」都集中於此了；香港居然成爲抗戰期間中國文化學術的重要樞紐。無論他的地位會怎樣轉變，在今日，在過去的兩年，他的位置確是很重要，這是無可懷疑的。因此我們給他原有的教育制度一個有系統的研究，是很順序的事情。

在未談及香港的教育制度以前，我們應當首先把香港的歷史，地理，經濟，政治，人口和社會作一個概畧的敍述，其中有很大部份是與教育有密切關係的，這又可用作香港的教育背景來看。以下我們就依上面的次序，把他們每一項分別來敍述。

第二節　香港的歷史和地理

香港在一百年前原屬廣東省新安，卽今之寶安縣南端的一個荒島。當時祇屬漁民寄居的地方。而在交通不便的時代，當然也許是常有海盜出沒的地方——其實，卽在今日，正如報紙所載的，香港仍然是一個海盜如毛的地方。中國的典籍雖然對於香港沒有什麼歷史的記載，但是和他祇隔依依一水的九龍——那裏有宋皇臺，侯王廟，九龍城等——就有文獻可爲稽考了。

香港之成名和得到有今日的地位，當然要從英人佔領後開始。那就要從一八三九至一八四二年間，鴉片戰爭的時候說起。其實自一八二一年以後，英人已經開始利用香港來做商船和海軍停泊的地方了（註二）。及至一八四二年八月二十九日（道光二十二年七月二十四日）南京條約簽訂之後，中國就正式把香港割讓作英國的領土（註三）。從英國人看來，香港已於一八四一年一月二十六日由他們正式去統治的了（註四）。鴉片戰爭的是非得失，我們在這裏可以不必說；但是我們却應該在這裏提及英人選擇香港的動機。他們選擇香港不是因爲香港的山明水秀，風景宜人；他們選擇香港又不是想去辦理公民教育，高等教育等等，或去介紹進步的教育，和牛津，劍橋大學的教育。他們選擇香港，爲的是香港水道交通便利，利於海軍的保護：港灣水深，利於航行；港灣迴迂，利於避風；又因爲香港和廣州的商場不遠不近，相距七十五英哩，和葡萄牙人佔領的澳門（一五五七年）又甚接近，相距四十英哩，正適合英國商人和貨物的居停。動機純然是商業的；因而又是軍事的，而不是教育的，文化的。香港的目的，正如基督教會的碑文所說：「始初如此，現在如此，後來亦如此」！所以，去談香港教育的人若忘却這一點，根本就不會了解香港的教育。

註二：Encyclopedia Britannica, Vol. XI, p. 718.

註三：H. B. Morse, Foreign Relations of the Chinese Empire, p. 298.

註四：G. R. Sayer, Hong Kong: Brith, Adolescence, and Coming of Age, p. 92.

在這一百年當中，香港的領土，也曾有過兩次的擴充：第一次是在一八六〇年，咸豐十年，英法聯軍入北京（或稱爲第二次鴉片戰爭）訂立北京條約之時，由中國割讓香港對面的九龍半島，即九龍尖沙咀至界限街的地方。第二次是在一八九八年，光緒二十四年，英國爰用法國租借廣州灣的例，租借九龍以北至深圳河的地方和大嶼島，爲期九十九年，這地就稱爲新界。但香港的政治未有受過一時的中斷。雖然經過二十四次的總督的更換，但是猶如大不列顛帝國一樣，都是一貫的，乘上起下的，逐步的，和不斷的發展。香港的人口就逐漸由一八四一年的一個七千四百五十居民的村落（註五）變成爲一個一百萬人口的大都市（根據一九三七年六月的估計，香港人口爲一，〇〇六，九八二人，中日戰爭期間加增了的人口不在此數之內，這個期間的加增約有百份之三十）（註六）（註七）。至於香港的商業自然也有驚人的進步，由每年入口船隻噸數估一八九，二五九噸的商港（一八四四年的統計）達到三七，九〇九，三八五噸的商港（一九三〇年的統計）（註八）。經過九十多

註五：G. R. Sayer, Op. Cit, p. 203.

註六：Annual Report of Social & Economic Progress of the Colony of Hong Kong for the year 1937, p. 5.

註七：根據一九三八年的人口估計，總數爲一，〇二八，六一九。 Administrative Reports, 1938, p. 4.

註八：同上

年的經營，香港就由一個荒島成爲一個世界第一等的海港，軍港，和國際貿易的大市塲和交通的重點。

說到香港的地理，對於不甚熟識香港的人，大概就要看地圖才能明白清楚（見插圖一—香港全圖）。香港的名稱的意義，有廣義與狹義之分。最狹義的香港是指今日商塲所在和居民最爲密集，在扯旗山北部山麓的市區，又即英人稱爲維多利亞城的地方；若就在香港和九龍居住的人日常的用法，香港就指從九龍須要過海才能到達的整個香港島；從一八四二年的條約來看，香港是包括香港島和附近的許多小島；從一八六〇年的條約來看，就包括添上了的九龍半島，即尖沙嘴，和油蔴地的地方；從一八九八年的條約來看，香港幷且包含有租借的地方，由九龍塘的界限街起北面直到深圳河的地方及在香港島之西，比香港島的面積還大的大嶼山島。當然的，在條約上和實際上，香港除領土之外當包含有面積和活動都更爲廣濶的領海和領空。從地圖上的位置來看，香港就是中國南部的北經綫二二度九分至二二度十七分和東緯綫一一四度五分至一一四度十八分地領域（註九）。是以從廣義的來說，和不是用居住香港的人的日常用語的說法，香港是包括香港，九龍，和新界等等，這又可說是「大香港」。我們所說的香港教育是連「大香港」的。記着這一點，我們才明白爲什麼在香港也有許多的農村學校。

香港的天氣有寒有暑，但夏天很少超過華士表九十五度，冬天很少低過華士表四十度

註九：Encyclopedia Britanica, Vol. XI, p. 718.

（註十）。山頂和山麓的天氣當然有不同的。比方，扯旗山（出海一八二三呎）的溫度和維多利亞城（卽香港大市塲的所在地）的比較就常常低了八度的了，這裏和別些山巔和海島都是避暑的地方又是純爲西人所可享用的。七月的天氣平均是八十二度，二月的天氣平均是五十七度七，全年平均的天氣通常爲七十二度。每年平均的雨量，通常爲八四・二六英吋，七月的雨量最多，該月的平均爲三十英吋（註十一）。

香港和大嶼山島在一百年前大致是沒有什麼差別。其實在地勢方面而言，大嶼山的港灣，水深，和與大陸接近的情形都和香港相似，所以本來當時英人有主張發展大嶼山島的。倘若那個主張得了接受，我們就會見出今日的大嶼島就會很像今日的香港島了。關於這點，眞有發人深省的地方。

說到香港的面積，香港島長十一英哩，濶二至五英哩；週圍岸綫二十七英哩，面積爲三十二方英哩。尖沙嘴至九龍舊界長約二英哩，面積爲四方英哩。新界由九龍舊界至深圳河大約爲十七英哩，面積爲二百八十六方英哩，若連大小嶼島三十三個的面積九十方英哩在內，「大香港」的陸地面積合計爲三百九十方英哩（註十二）。

註十：Administrative Reports, 1938, p. 2.

註十一：Encyclopedia Britanica Vol. XI, p. 718. Administrative Reports, 1938, p. 2 also G. R. Sayers, Op. Cit., p. 4.

註十二：Administrative Reports, 1938, p. 1.

第三節　香港的人口

香港的人口，近百年來已由一八四一年的七，四五〇人而增至一九三八年的一，〇二八，六一九的常態人口了。自中日戰爭以來，從中國都市及內地逃避來的人衆多，人口驟然增加了。據說一九三七及一九三八兩年內增加了的人口，約在六十萬（註十三）。又香港的人口，照他們人口調查的慣例是不連他們海陸空軍隊的人數的。

不過，香港人口的數量，或甚至香港人口的增加的一件事，都不是香港教育制度的特殊的地方之所在。他的制度的特殊的地方就因爲他的人口的組合的複雜性。所謂人口的複雜性是指：國籍的複雜，種族的複雜；語言的複雜，階級的複雜，宗教的複雜，文化的複雜等等。在各種複雜之中，中外的人口幷且有很大的流動性。

說到種族和國籍（註十四），就有白種人和黃種人等；又有英國人，美國人，法國人；葡萄牙人，中國人，日本人，印度人等；英國人中又有英格蘭人，加拿大人，澳大利亞人，和英籍的中國人等；中國人中又有正中國籍的，正英國籍的，騎國籍的和國籍不明的等等；中國籍中又有廣州人，潮汕人，客籍人，外省人等。於是香港的警察中遂有所謂英籍的，印籍的，粵籍的，和魯籍的等等。中國人中有以中國爲其祖國的，又有以英國爲其祖

註十三：Administrative Reports, 1938, P. 5

家的」；有以香港爲其世居的，又有以香港爲其暫時的居留地的。此外更有異族通婚的後代，如中英通婚的，中葡通婚的，中印通婚的等等；又有雜上加雜的，香港對於這些雜種的人，幷且給有香港專有的名詞。

隨着國籍和種族的複雜，就有語言的複雜和宗教，文化等等的複雜了。語言的複雜的解決，比較上是容易一點，因爲英語已成爲一切有華洋或國際關係的生活的通用語言——在香港生活而不懂多少的英語就困難百出了。但是，宗教與文化的複雜就惟有隨他的自然的變化而已。一方面有西方的天主教，基督教和他的各派的教徒教士，一方面又有佛教，孔教，回教和各種各色的僧，尼，巫，道的本色的神權迷信。從男女關係的文化主張來說，一方面有舊式的婚姻和妻妾制度的流行，而一方面又有男女裸體的露天會社公開的許可。香港的文化眞是光怪陸離，應有盡有。至若貧富階級的懸殊，又有令人咋舌的；百萬富翁有五百餘人，其中亦有過一萬萬的（註十五）；而流氓乞丐則又觸目皆是。我們若要了解香港學校種類的繁多，課程的參差，品質的不齊，貴族與貧乏的懸殊，我們不能不先看淸

註十四：就香港政府的觀點，香港居民的種族國籍大概分爲四大類：（一）英人（包括歐美人士）（二）葡萄牙人（因他們與澳門的關係和屬有永久居留性的白種人，故英人每把他們另別）（三）印度人（包括菲律濱人，日本人，歐亞混種人，亞洲猶太人等）（四）中國人。Hong Kong: Educational Systems of the Chief Colonies not Possessing Responsible Government. Imperial Education Conference Papers, 1914, p. 9-10.

楚這個人口組合的複雜的現存事實。

香港的人口，以中國人佔最大多數。照一九三八年的統計，在全港一，〇二八，六一九人中，華人佔一，〇〇五，五二三人，非華人佔二三，〇九六人，不及百分之二·五。從區域的分配，在香港的佔四五四，〇〇九人，在九龍的佔三六四，二一〇人，在新界的佔一〇九，〇二八人，在海面的佔一〇一，三七二人。在水上生活的人口，很屬龐大，佔全人口百分之十。但是教育與文化事業尚未有顧及他們，這是值得注意的。

第四節　香港的經濟狀況

香港的商業自然就是香港的生命，香港之所以成爲世界的商業所薈聚和中國人所喜歡居留的一個原因就是因爲他是一個無稅港；香港是一個無稅港，這是一八四二年至今都未有改變的。近一百年來香港的商業都是有了一個直上的發展，但是在這一百年中，有幾個特別的時期對於他的商務有很大的影響的。在最初的十年，一八四〇至一八五〇年間；香港以運載苦力工人出洋爲他最大宗的事業（註十六）。由一八五〇至一八六〇年，香港就開

註十五：根據香港各大銀行存戶港幣存款數目有一萬萬元者三人，一千萬者三十人，一百萬者五百人。（民國二十八年十一月十日香港大公報）。其中想亦有不少是非僑居香港的中國官宦所寄存者。

始得到有固定的居民。香港原本對於棉花的貿易是很好的，但是在一八六〇年至一八七〇年因爲美國的南北戰爭就把他經多年而造成的棉花市塲摧毀了。但是同時因爲中國的太平天國的戰爭，中國的人口就因此而增加了。一八七〇年至一八八〇年因爲蘇彝士運河的完成，就把香港的貿易和歐洲各國溝通了。一八八〇至一九〇〇年間商務都是沒有受着中國或世界什麼大變化的影響。一九〇〇至一九一〇年間正是義和團變亂和八國聯軍入北京事件後的時期和中國辛亥革命之前，外國人在中國的權力經已確立了的時候，香港的商業就有更大的發達。一九一〇年至一九二〇年間，最大的事情就是第一次的歐戰，香港的商業也曾受過一度的打擊。一九二〇至一九三〇年當中有了一九二五至一九二七年間的省港大罷工和中國國民革命運動，又給香港從歐戰結束恢復過來的商業一個極大的威脅。曾有過一落千丈之勢。由一九三〇至現在香港的商業再度的興盛起來，尤以中日戰事的初期，一九三七年爲最登峯造極。不過自廣州失陷後和一九三九年九月第二次歐戰爆發後就逐漸又有回退的趨勢了。

香港的經濟生活是以出入口爲主。根據一九三八年的統計，是年入口總額爲六一八，一六八，九三七元，出口總額爲五一一，九〇二，二七七元（註十七）。這樣看來，香港似乎是入超的地方；但是若果包括轉運，旅客携帶，海陸空軍的入口貨物，和金銀財寶等，

註十六：Encyclopedia Britanica, Vol. XI, p. 119.

註十七：Administrative Reports, 1938, p. 24.

則香港貿易實在是出超，出超的數目字竟達七二，二五五，七七八元（註十八）。香港本身的生產力和消費力實在是很少，這一百萬的人口無論在衣、食、住、行怎樣的享用，不會用得到每年的輸入，又無論怎樣的以夜繼日的去勞作，都不會生產得每年的輸出。換句話說，香港從英國，南洋，中國和各國輸入的東西大多數就即是他輸出的東西。他的大部份是交易的市場，轉運的港口，存放和裝配的地點而已。輸入和輸出的貨物，大概以糧食為最大宗（佔入口總數五分之一以上），其次為製造品，油脂，五金，藥材，燃料，機器，染料，紙料，車輛等（註十九）。

近年來香港不祗是商業的重點而且逐漸成為工業的重點了。最大的工業就是糖，士敏土，紡織品，樹膠鞋，電筒，錫品，脂油和造船等（註二十）。

此外，漁業亦屬香港的大宗事業。照一九三八年的漁產，鮮魚和鹹魚共產二三，一五〇噸，照批發價算總值七百萬元。漁業的船隻和設備共約值二二，五〇〇，〇〇〇元（註廿一）。

林業和農業現在仍然沒有什麼重要的地位。畜牧中的牛乳事業，雖則有些成績，但是

註十八：民國廿八年一月十八日的香港星島日報。
註十九：Administrative Reports, 1938, p. 25.
註二十：Annual Report of the Social & Economic Progress of the People of the Colony of Hong Kong, 1937, p. 14-17.
註廿一：Administrative Reports, 1938, p. 17.

每日所產的牛乳祇可夠供給居民的需要的一小部份。至於其他的畜牧和種植更談不上了。根本就因爲香港，九龍和新界的土地瘦瘠，況且只慣造買賣的香港人根本就未有農業的本領，而香港的學校從來就沒有一間農科的學校。雖然近來香港也有想在新界推廣農業，但是，除非有了很大的決心和很多的人才，總不會有出人意料的成績的。

香港每年的行政費用不是靠關稅來維持，因爲他根本就沒有關稅，而是靠煙酒稅，地稅，牌照稅，印花稅，政府產業稅，泊港稅，娛樂稅，彩賽稅，和罰欵，與政府機關收入等來維持。其他的收入尚有郵政局，自來水，廣九鐵路和公地發售及租用的入息等，這些收入在一九三八年共有八百餘萬元（註廿二）。從上面各項的收入，在一九三八年總收入爲三六，七三五，八五五元；同年政府的總支出爲三七，一七五，八九八元。不敷爲四四○，○四三元。最近香港爲着行政費的增加，於是提出施行所得稅的徵收來解決，但是香港的商人的輿論都不贊成，這是意中的事。政府的意志非常堅決，結果就決定在一九四○年開始徵收了。

香港的交通大概亦可在他的經濟狀況的討論中提出。從交通的地域來說，就有大香港的交通，與香港和南洋各國的交通。從交通的媒介來說，就有陸的方面，水的方面，和空的方面。無論從區域方面來說或從交通的媒介來說，香港的交通都是十分利便。他的不便

註廿二：Administrative Reports, 1938, p. 57-50.

註廿三：同前。

利的地方，不在於交通工具和運用，而在於他的行政上對於旅客的過份騷擾與留難。上落船時華人搜查的苛遇，眞是使到香港對着他的交通工具和交通的靈魂慚愧無地了。這個以圖利爲中心而不是以教育文化爲中心的社會眞有使人感到一無錢不行了。

香港內部交通的設備和管理實算完備。公路的建築，交通綫的衆多，交通工具種類與需要的調和，交通時間的迅速，都能使到市內過往的人十分滿意。工具中有火車，纜車，大小的公用汽船和汽車，電車，人力車，肩輿等，又有乘載汽車渡海的設備。各種船車大部份爲兩等，稱爲頭等和三等，這也許是專爲窮人着想，爲他們省錢的辦法，亦是仿效英國的。

香港和香港以外的交通，在這裏是毋須把屬常識的事實來贅述。値得特別提述的，大概就是航空和鐵路。航空雖然仍然是幼稚的時期，但是却有很大的進步。目前航空祇限於郵件和搭客，其實交通的作用是包含貨物的運輸的，但是貨物和重貨物運輸，何時才能夠和水運相競行呢，這就或許不是我們這代的人所會見到的；但是那個時候若果眞會來臨，香港以利於水道交通而成名的商港就會發生問題了。至於航空的航綫在這個雛形的時候，常有增減與變更，毋須在這裏敍述。

說到鐵路，香港和中國陸地的鐵路交通，英人很早就有注意到的了。新界的租借經已有這一項的附帶要求。隨着就有中英合辦的廣州和九龍的鐵路（廣九鐵路）的建築，在一九一一年經已完竣通車。英國人很久就想把廣九鐵路和粵漢鐵路接軌，但是屢屢都不能得到中國方面的贊同。這個英國人所認爲遺憾的事，就在中日戰爭的期間，因爲中斷戰時運輸的需要與迫切，又因爲粵漢鐵路的株韶段已告成，於是就因利乘便的在一九三八年接軌通車了。乘客和貨物都可以從九龍通車直達漢口，從理論來說，並且可以直達北平和東三省了。可惜因爲華南戰事的蔓延，從香港到中國的鐵路交通的發展和飛機交通的發展一樣，都遭遇了絕大的打擊。

除了乘載的交通，還有傳遞的交通，如電話，電報和無綫電的交通與郵遞。電話並且可以和中國的上海與重慶和外國的紐約與倫敦等通話。無綫電的收音裝置十分發達，廣播的事業亦逐漸發展了。

上面很像是把交通說得太多和看得太重。但是這都不是無可解釋的。美國的教育家孟祿博士也曾多次的說過，交通是文化的工具。他說教育不過是觀念的交流。他在「演變中的中國」(China, A Nation in Evolution)一書也曾很明白表示過這個意思。他并且說過，倘若在中國的內地，若要在兩件事情中選擇一件——建築一條公路或建築一所學校——他就主張選擇前者了。孟祿博士對於交通與文化的關係的見解當然有許多道理。若從孟祿博士的話來推論，香港的交通既然是這樣的完備，就應該是世界文化的重鎮了。但是若果香港不想辜負他的機會，那就要多多的努力才行了。

第五節　香港的政治組織

這裏不是我們詳細討論香港的政治和香港的政府的地方，并且，無論討論是怎樣的詳細，也不是討論政治的本身和政府的本身的地方。我們在這裏提及香港的政治組織，爲的是想去嚝觀香港教育的政治背景，和這些去明白香港教育行政的組織在香港整個行政機構的地位。香港的政治和政府有沒有缺點和有什麼的缺點，都不是這個研究的討論範圍。在抗戰期中有不少國內的有心的人士都逃亡香港居住。有些對於香港的教育有許多的批評，很像是對於香港教育的關懷有如他們對於祖國教育的關懷一樣，很像是操着香港治權的人正在欠缺一種主張而是等待着他們的督促一樣。這些人根本就沒有明白政治和沒有明白香港的政治。他們不要因爲他們在香港享受許多居民的自由就以爲香港是沒有統治者的；又不要因爲我們中國沒有殖民地，就以爲世界上是沒有殖民地政策的存在。除非我們明白這一點，我們簡直不會明白香港的教育，并且對於香港教育的願望與建議都是空想的。我們并沒有中傷香港的意思，所要提出的就不過是關於治權要認識淸楚的這一點而已。

不列顛帝國（英國）的政治機構是異常複雜的。他包括（一）聯合王國，（二）自治領土，（三）附屬地，（四）保護國，（五）印度和緬甸，（七）殖民地（註廿四）。他們每個單位的政治機構都有不同，而自治權力的享受的程度又各自不同了。香港因爲是英國的殖民地，他的組織與制度——自然連教育的在內——是不會因為和中國接近就採取中國的。其實他的組織，制度，思想和因襲，因為統治者的習慣就必要以英國的為標準，為依歸。譬如，組織則求其合用而不求其有條理，系統化；制度則求其適應事實而不斤斤於整齊劃一，名稱一致；思想則求其緩進而不求其急進，求其會通而不求其澈底；因襲則求其順情而不求其合邏輯，求其無碍而不求其理論之一元。凡此種種皆是英人政治哲學與人生哲學的獨步，當為研究香港教育的中國人所不可忽畧的。

香港是殖民地，直接受倫敦英國政府所管轄；他的政策和行政都是直接受英國理藩部的決定和管理。香港政府現行組織是根據一九一七年二月十四日英廷所頒的勅許狀和勅訓令辦理的（註廿五）。香港總督是受英廷所派遣，對理藩部直接負責；在總督請假，或不能行使他的職務的時候，或許總督未到任以前，如委有副總督則由副總督代理，如未有委有

註廿四：（一）聯合王國（有時稱為大不列顛，包括英格蘭，威爾士，蘇格蘭和北愛爾蘭），（二）自治領地（即加拿大自治領土，澳大利亞共和國，南非聯盟，紐絲倫自治領土，和紐芬蘭殖民地五處），（三）附屬地（或稱為王屬殖民地，如百慕大及巴哈馬是），（四）保護國（如英埃蘇丹是），（五）印度和緬甸，（六）殖民地（如海峽殖民地和香港等）。見一九三九年英國政治年鑑第三頁，又見張慶泰歐洲政府第十九章。

註廿五：Administrative Reports, 1938, 詳見 Hong Kong Government Gazette, April, 20, 1917, p. 220-224.

副總督則由輔政司代理。香港政府設有行政會議 Administrative Council（香港人士通常稱為議政局）和立法會議 Legislative Council（香港人士通常稱為定例局），輔助總督。總督又是這兩院的主席（註廿六）。

香港政府的日常行政照他們報告所說，共分二十二個機關來處理（註廿七）。這機關的數目不是固定的。裁撤，歸併和分設，增設都是常有的事情，而即使在同一個時候去計算，亦有不同的計算方法。譬如，在一九三七年政府公佈的「香港社會與經濟的進展的週年報告書」中就說香港政府處理日常行政的機關共有二十八個（註廿八）。但是他是包括總督府的秘書處，而在一九三八年的香港行政報告書中是不計算在內的。我們把這一點提出，目的不在乎考證香港行政機關的數目而是想提出一個政治思想的事實，是與了解香港行政系統有密切關係的，這就是：香港的政制是不講求眉目清楚的，是不為條理而條理的。

但是為着討論的便利起見，我們不妨就着一九三八年香港政府的行政報告所說的機關約二十二個在下面開列。倘若我們再把各機關的主持人官銜舉列，那就會令人更加驚訝他們的名稱的參差了。這二十多個機關大致是：輔政司署，華民政務司署，警察司署，財政

註廿六：Annual Report of Social & Economic Progress of the People of the Colony of Hong Kong for the year, 1937, p. 4.

註廿七：Administrative Reports, 1938, p. 4.

註廿八：Annual Report of the Social & Economic Progress of the People of the Colony of Hong Kong for the year 1937, p. 4.

司署，裁判司署，工務司署，船政司署，滅火局，衞生局，清淨局，牌照局，郵政局，九龍巡理府署，海關監督署，園林監督署，政府化學署，考察微生物署，高等審判廳，田土廳（又稱土地局），域多利亞監獄部，天文台，廣九車路公司等。最近關於勞工問題，又由英廷派有勞工專員辦理。

原屬於會議性質的機關就有行政會議，立法會議和市政會議 Urban Council 和許多的委員會，如教育委員會 Board of Education，海港咨詢委員會 Harbour Advisory Committee，勞工咨詢委員會 Labour Advisory Board 等等。各種會議和委員會都有兩種的會員（議員或委員），一種爲有官職的會員，一種爲無官職的會員（註廿九）。

註廿九：行政會議，除總督兼任主席之外，有議員九人，其中六人爲有官職，三人爲無官職的，在有官職的議員六人當中，五人爲當然的議員，即陸軍司令，理藩司（香港通常稱爲輔政司），律政司，華民政務司，財政司；其餘的一人現在總督派公務局長充任。無官職的議員三人均由總督委任，其中一人要是華人，行政會議議員之任期爲五年。

立法會議，除總督兼任主席之外，有議員十七人，其中九人爲有官職的，八人爲無官職的，有官職的議員九人之中，六人與行政會議之六位有官職之職員相同，其他三名乃由總督另委，現受委任的爲警察總監（香港通常稱爲警察司）和醫務主任（香港通常稱爲衞生司）。無官職的議員八名均爲總督所委任，其中有兩名要從商會及「太平紳士」（註三十）Justices of the Peace 所推薦的候選人中各選一名，其餘六名又須有三名爲華人。議員任期爲四年。

香港的司法以高等審判廳爲最高的機關。司法是以英國的法典爲根據。極刑是用絞縊（香港通常稱爲問吊）而不是用鎗斃的。審判採用陪審制度，在香港居住的華人有職業而諳英語的常常都有充任陪審員的義務，這一點都不失爲有民主精神的司法。

香港的高級官員，不單是皆屬英人，而且，除了最高級的總督和專門技術人員之外，其餘的行政官長多數是從「官生」，「准官」或「官學生」（Cadets 出身的。這些「官生」大多數是牛津劍橋兩大學的畢業生，經過公務人員的預備考試及格後派出各殖民地再受語言和其他的訓練的（註三十一）。

大凡政府機關的職員均稱爲公務人員的，任用都有保障，他們是不隨着機關的官長的去留的。此外尙有養老金的恩卹和家庭的贍養費。每年政府對公務關的卹金都在不少。一九三八年的支出爲二，七〇六，三九二元（註三十二）。倘若有人譏笑在香港的華人和他們，

市政會議的權限實在很小，并不是他的名稱所給的暗示的廣大。這個會議原稱爲衛生委員會，一九三六年才改稱市政會議的，現在名稱雖改，但是仍然是專理關於公共衛生的各種條例的審議，而他所決議的又要送呈總督并要經立法會議的認可才發生效力。會議名額十三人，五名是有官職的，八名是無官職的。

註三十：香港太平紳士在一九三九年共有二七三名，其中一〇八名爲有官職的，一六五名爲無官職的，華人約有六七十名　Hong Kong Directory, 1939, P. 76-78

註三十一：在廣州的廣東省教育廳的辦公樓就是中國未收回廣州舊英領事署之前，英國政府所建築用來爲在中國受訓練的「官生」所居住的地方。

註三十二：Administrative Reports, 1938, Appendix A, Report of Financial Returns for the year 1938.

的一般青年子弟對於政府機關服務投效的踴躍和在香港政府機關服務的忠勤，他們就要留意到香港的政治的這一個事實了。

第六節　香港的社會組織與事業

香港的社會是一個畸形的社會，這是一個不能否認的事實。關於這一點，我們在上面曾經有過多次的提及，提及他的形態和構成這種形態的因素，在這裡我們可不必複述。自從抗戰以來，因爲人口和各種情形的特殊，香港社會的畸形狀態更形顯著了。但這些祇屬臨時性的事情我們可以不去斤斤談論。至於香港的社會，無論是綜合的研究或分析的研究，雖屬常態方面，也不是這個關於教育的研究的份內的事。我們祇想把與教育有關的社會組織和事業提論，目的是想用來做我們下面討論香港教育的背景。

首先，我們試述香港的救濟事業。在一個充滿着貧乏的人的社會而同時這個社會又尙保存着一點「善人君子」的良心的，救濟事業必是一件不屬輕微的事。在香港，因爲英國人和外國的教士都是很富於辦理慈善事業的精神與本領，又因爲中國人在香港華僑社會所佔的地位又每每要看他樂善好施的程度，所以香港地方雖小而救濟事業倒算不少。甚至這種人道主義的「仁政」精神并且能先及之於禽獸。例如對於烹狗和倒吊家禽在香港都屬違例的事。救濟事業有政府設立的，有華僑公共團體設立的，有教會設立的，又有半公私立的。救濟事業的最大的當要算醫院了。政府設立的醫院有瑪麗醫院，九龍醫院等，都是規模很大的；教會設立的有那打素醫院，聖保祿醫院，寶血醫院等；而華人公共團體所設立的就有東華醫院，東華東院，和廣華醫院，現在這三個醫院經已聯合，每簡稱爲東華三院。這三院的主持人爲三數十人，均稱爲總理，由殷商大會推送者及各行商推選者合成的，以一年爲一屆。這些「總理」，算是香港「街坊」華僑社會的領袖，香港政府的華人「太平紳士」Justices of the Peace 的華人份子，是從他們中選出的。因爲這些醫院的總理的地位，含蓄着香港社會進身之階的意味，所以是特別值得提及的。除了醫院之外，又有貧民露宿救濟會，聖約翰救傷隊，香港兒童保護會，托兒所，反對蓄婢會，保良局，盲人學校，神經病院等等。自中日戰事發生以後，救濟事業和辦理救濟事業的團體，都特別加多，有的是爲香港以內的救濟，有的是爲中國內地的救濟。這些事業和機關都屬暫時和應變的性質的，我們不在這裏論列了。

其次，我們試述香港的宗教團體和他們的社會作用。本來說到宗教，我們是要包括一切的宗教，中國的和外國的，人們認爲迷信的或非迷信的。不過，因爲，尤其是在香港，除了基督教之外，其他的宗教是沒有甚麼的組織的。因爲是沒有甚麼組織，所以，除了在社會的所謂潛勢力之外，就沒有具體的勢力；因此，除了把他抽象去討論之外，就很難和基督教會的組織與事業相比的。但是，在未說香港的基督教以前，我們都想說一說其他的宗教。

香港不特是一個畸形的社會，而且是一個思想落伍的社會。雖然先進的國家也有他們的宗教迷信，但是都沒有我們的反科學的程度，沒有我們看得這樣的認眞，和沒有我們的普遍。我們若見到「通書」的推銷暢旺，拜神所用的元寶臘燭的銷路，以卜筮星相以謀生的人的多，和神誕緣會的熱鬧，我們就要說香港是迷信神權的避風港，他的迷信的活動不特比文明的都會特別多，並且比中國任何地方都多。香港政府對於居民的宗教迷信給以極大的自由，甚至給以許多的鼓勵。我們不知道這種態度除了出自尊重人民的宗教自由，信仰自由的動機以外，還有沒有受着別的殖民地政策的支配。

除了宗教迷信之外，又有所謂孔教和孔教的組織。所謂「孔教」或「儒教」是否適當的名稱，孔子的道統是否宗教，我們在這裏不必討論——其實，中國人大致都不理會自己是屬有宗教的抑無宗教的，正如孔子所說：「未能事人，焉能事鬼。……未知生，焉知死。」—的態度，不過爲着要有得用來表示一點民族精神或許不妨標榜出一個所謂孔教出來和基督教做一點「人有我有」的分庭抗禮的舉動。於是在香港就有孔教會，孔聖堂，又有所謂孔教靑年會等。其實這些組織都沒有生氣，大致祇是一些小團體，一些小事，甚至是一些名詞罷了。中國人不尙組織或缺乏組織能力，而對於宗教的信仰更不感覺有組織的需要或是一個原因。此外尙有回教，佛教等的團體，都因爲他們在香港都不屬重要，不去列述了。

我們試說說香港的基督教教會，大凡明白西洋歷史和世界各國的基督教情形的，都知道基督教是分爲許多大宗小派，各有各的教義，信條，組織，和團體的。除了希臘正統的基督教的大宗派不算之外，大體可分爲舊教（即天主教或公教）和新教（即所謂基督教或耶穌教）。在舊教裏面，大致是沒有甚麼教派，但在新教裏，教派就多得很了。例如：浸路德教會，聖公會，循道會（惠師禮會），美以美會，公理會，長老會，浸信會等；又有所謂五旬節會，安息日會等。這些教派在香港都有他們的傳道會，他們的教會，和他們的事業。在香港，基督教并且比較英國的教會添上了兩種教派和教會的組織，一個就是中國人自立自主的中華基督教會，一個就是英國的許多教派的基督教徒爲着海外傳道而去組織的不分教派的倫敦傳道會（有時簡稱爲倫敦會）。從香港的過去和現在來觀察，各種教派當中，勢力最大，事業最多，地位最高的，大概就算聖公會，天主教，和倫敦會了。聖公會有時稱爲英國的教會，又即英國的國教。比方，英王加冕，是由聖公會的總主教主禮的；英國的君主，名人，都是在聖公會的總教堂（所謂西寺）裏安葬的，在香港他們派有會督 Bishop 來主持教會的事業。這個教會在香港佔有勢力，這是當然的了。天主教是不分國籍的，在香港和在別處一樣，是有英國人，美國人，法國人，義大利人等等任教士。因爲他們組織的嚴密，財力的豐裕，人材訓練的有計劃，力量的集中，他們在香港所佔的勢力逐漸擴大，學校設有一百所以上。至於倫敦會雖然現在的事業和人材都因經濟的支絀而減少，但是他們在香港的過去，也曾有過不少的貢獻。我們祇要提起他們的傳教士馬禮遜 Robert Morrison 和最初計劃香港教育的，名學者理雅各 Jarres Legg（他曾翻譯中國四書五經）和他們所辦的雅禮士醫學院（即孫中山先生習醫學的地方）就可以看出他們在過去所佔的地位了。此外尚有基督教救世軍，都是英國本色而在香港的社會裏都屬很努力的基督教團體。

第三點，我們可以提及香港的其他具有教育性質的社會事業和活動，如報紙，戲院，體育場，游泳場，圖書館等等。香港辦理華文報紙最早的就是循環日報。他不但是香港華人辦報最早的，并且是中國辦日報的先河。自同治十三年（一八七四年）創版到現在，已經有六十多年，現在仍然是繼續出版（註三十三）。現在香港中西文之日報，晚報，凡數十種，每日看報的亦極普遍。至於文字與內容之如何缺乏社會教育價值則屬另一問題。至若娛樂的供應當然以影片和粵劇為主。戲劇和報紙一樣，都要先經政府的檢查。體育在香港人的生活，所佔的地位異常重要，香港的球賽，馬賽，都是人山人海的擠踴，各界各級人士都一樣的爭着熱鬧，這是一個良好的現象。雖則這種興趣每每是屬旁觀的性質，而間中，如賽馬的，是屬賭博性質，但是戶外的消遣，愛好健康和技術的精神，和健全的趣味，總比閫坐的聚賭勝千百倍。游泳，在享有長期的夏季和天然的海灘的香港，又是香港的一個很值得恭維的地方，這就是香港繼代的青年的健康最大的保障。但是圖書館的稀少，藏書的缺乏，建築的不講求，管理的因循，讀者的寥寥，提倡的乏術，若以圖書館的一點來衡度文化的水準，那就真使到對於香港的文化就不敢恭維了。香港上海滙豐銀行的大廈和

註三十三：我國人自辦之日報，開其先路者，實昭文新報，循環日報次之，而今碩果僅存者惟循環日報耳。（見戈公振：中國報學史第一二一頁）。

他旁邊一座一層樓矮細得像「門房」的香港公共圖書館，就是一最有趣的比較；這就使人聯想到商務在香港的地位和文化在香港的地位有天淵之別了。

第四點，我們試說香港的華僑的組織。大概中國海外華僑的組織都絕少含有政治意味，而大多數都屬商業的和家族性質的。除了上面也曾提及關於慈善性質的三院的組織之外，最大的團體就算華商總會。此外各行的商業都有他們行業的商會。職業的組織又有各行的工會。關於家族的組織，雖然沒有如美洲華僑的姓氏組織的通常，但是亦有不少的同鄉的組織，如潮州會館，惠陽會館，福建商會，中山商會等。這些團體都有負起商業和社會的任務，幷且關於團體與團體的紛爭，團體內的份子的紛爭，每每都由他們排解。這些團體幷且常常設有義學來便利他們的子弟，這點我們也想順帶提及的。

最後我們不妨提及香港的監獄。因爲這個問題的一部份也是教育的問題；例如，從消極方面來說，這是一個矯治教育的問題。所以我們不想把監獄的問題遺棄。我們試分成年罪犯與未成年罪犯兩點來看。香港對於未成年的犯人設有兒童法院和兒童羈留所，對於犯罪的男女兒童都給以充份的注意，常常都帶着督促和勸導而不是懲罰和恐嚇的態度，幷且去找出他們的家長來取得他們的合作去共同矯正兒童的行爲。此外幷設有小童會，用有趣味的教育活動來做減少兒童犯罪的積極的方法。至於成人犯罪，有香港政府的人士誇許設有「有如天堂」的監獄（註三十四）。大概因爲香港的監獄辦理得這樣完善，所以許多犯人都不願離開，幷且釋放之後固意回去監獄（註三十五），其實這一個誇許究竟是想反影香港的監獄行政的優良呢，還是想反影到香港的監獄以外的行政的汚點呢？這實有可使人尋味的地方。香港能不能把罪犯從中國各地逃來的解釋來洗辯呢？從教育的觀點看來，我們若要改良監獄，就應當根本上要從監獄圍牆以外的社會入手；監獄行政的完善固然是可喜可慰的，但是更屬可喜可慰的還是要能減少社會上逼人犯罪的環境激刺和魔力。倘若因為社會改良了而減少犯罪的人數，那麼就比較以香港的監獄為中國人的天堂的誇言偉大得多了。這就是社會制度和社員教育的大問題了。但是這個問題又不單是香港所有的問題罷。

註三十四：“I honestly believe that British justice in such a place as China makes Prison almost Heaven. This sentence was contained in report by a Government Official who has served years in the Far East.” (Appendix I, Prisons Department, Annual Report for 1938, Administrative Reports, 1938, p. I. 1.)

註三十五：同上報告。

第二編　香港的教育行政制度

第一節 引端

大凡想去研究一個地方或甚至一個國家的教育制度，大概都可以把他的教育制度分作教育行政制度和學校系統兩方面着手，雖然有許多事情實在不能把教育行政和學校系統劃分太爲清楚—因爲兩方面都有很密切的關係，例如，政府對於學校的補助費固然是可算教育行政的範圍，但是亦可算是學校系統的範圍的。更有一層，今日在教育和學校差不多是視同一體，而教育并不包含所謂社會教育，幼兒教育，成人教育等等方面的時候，教育行政和學校系統就更屬不容易分談的了。但是有了這個聲明之後，作者就想用這個普通的分法把香港的教育制度分做教育行政和學校系統兩方面討論。我們想把香港的教育行政的沿革，教育政策與方針，教育規程，教育行政機關的組織，教育經費，補助費的運用與支配，學校的立案（一般經過與現況），教員資格，待遇等的一般情形歸入專篇—教育行政制度—來討論，關于學校的種類，各級教育，各種的學校，學校行政，課程，教科書，學校考試制度，收費等等則列入下一篇—香港學校系統。

若要明白香港的教育制度，我們不能希望從那一百萬的香港中國人民的祖國的教育制度，或說近若咫尺的中國教育制度的研究能夠去明瞭他，而實要從那不過三數萬的在香港居留的英國人的「祖家」的教育制度，或說相距一萬英哩，遠若天涯的英國教育制度的研究才能明瞭他的。我們祇要提出一件事實就可以證明這句話的眞理。中國的教育行政制度自清代以至民國，自民國以至今日，有了很多次的根本的變革，但是香港的教育行政完全不受他的影響，而自有他本身一套的演進。例如，香港今日現行的教育法大致是根據一九一三年（民國二年）香港政府所頒行的（註一），若果我們想要明白香港教育行政制度，或若想要明白香港的學校系統，我們若不在英國教育制度的本身來研究就或可從他的其他殖民地的教育制度來研究。

自然的，一切的教育制度都必定有許多相同的地方。中國近四十年來的新教育制度都是採自西方，所以就會和同是來自西方的香港教育制度有多少相類之點。但是若從相同的方面來說，那就是討論一般教育制度時的事情；若從相異的方面來說，那就是慣于中國教育制度的人去研究另一個教育制度時所要做的事。我們試把中國教育行政制度常見名詞，如：課程標準，初中高中，社會勞働服務，男女同學等名詞，和香港教育行政制度中的常

註一：但是上面的一句話并不是說香港的教育制度是不理及中國人的文化，思想，習慣與需要，因為他有中文的學校，華人的視學官，中文的課程，保存與改良農村的私塾等；又就不是說中國的教育和香港的教育完全無關，因為香港的學生常有升入中國的學校，中國政府並且承認他們的資格，而同時中國的學生亦有升入香港的學校，尤其是在香港大學方面並且想設法吸引中國的青年到他們處讀書。不過，香港的教育行政和中國的就完全屬于不相同的體系了。

見的名詞，如：補助學校 Grant-in-Aid Schools，徒生出身的教師 Student teacher，學校設置以衛生設備為首要標準，教育的外體的監督 Control of Externa，大學入學試 Matriculation Examination等比較，就可以見出英國人的教育行政觀念在香港教育行政裏的成份了。

第二節　香港教育行政的沿革

本來一百年幷不是一個很長的時期，而一個像香港這樣的細小的地方，就不會有甚麼複雜的教育制度史。不過因為今日的香港，和今日的英國一樣，都是一個世代相沿，好事保守的社會的遺業；所以若不把他過去的大概，來伸述一下，就不容易見出他的現在的事實的關係和意義。我們在下面想將香港教育行政的沿革，分作幾個時期來說。這種討論，實在是文獻中很少載有的。我們試根據我們所得到的二種文獻：（一）一本在香港大學圖書館裏已經失去封面的一本大約是一九〇〇年所編印的教育報告書和（二）「香港教育制度，帝國教育會議文件關於非享有自治政府的主要殖民地的教育制度——一九一四年出版」（Hongkong Educational System, Imperial Education Conference Papers, 1914）把香港的教育發展分作五個時期：（一）一八四一年至一八五九年，（二）一八六〇年至一八七七年，（三）一八七七年至一九〇〇年，（四）一九〇一年至一九一〇年，（五）一九一一年至今日

（一九四〇年），關於這幾個時期的劃分，我們應當有多少說明。本來在歷史上，時期的劃分大多數都是一種隨便的舉動，絕少能夠有一個很準確的劃分的。又本來各個研究者的劃分方法，不必相同，而各就他的所見和觀點，自行劃分；不過因爲香港教育的史料的稀少，而我們對於香港教育的演進史又無甚麼想去標奇立異的企圖，我們不妨介紹英國人的分析來供研究香港教育的人士的參攷。上面的第一至第三時期是上面提及過的第一本文獻裏所劃分的。一九一四年出版的香港教育制度報告書，就添上了第四個時期，一九〇一年至一九一〇年。我們在今日，一九四〇年，來補充這個討論就很可以加上由一九一〇年至一九四〇年的第五個時期了。這第五個時期的劃分法都是具有相當理由。我們在下面討論第五時期的時候再去解釋。

我們對於香港教育史的分期既然是採用上面的兩個報告書的分法，我們不妨，在未將各時期分別敍述之前，先將他們對於各個時期所着眼的地方提出。照作者的意見，他們所着重的是：(一)教會對於教育行政的關係，(二)教育行政組織的遞遷，(三)政府對於學校的補助，(四)宗教，英語，和中文在課程裏的地位，(五)各重要學校的創立，(六)學校的與學生的數目的增減，(七)重要的教育人員的主張與成就，(八)重要法令的製訂等。

若果要用一兩句說話來說出這五個時期的香港教育行政的顯著的地方，我們大概可以說，在第一個時期，由一八四一年至一八五九年（約十九年），教育視爲傳教的工具，第二個時期，由一八六〇年至一八七七年（約十八年），教育要和宗教分立，教育要以學科為主；在第三個時期，從一八七八年至一九〇〇年（約十三年），教育行政以補助學校為主，而主張廢止設置公立學校；在第四個時期，從一九〇一年至一九一三年（約十三年），教育行政則以發展公立學校為重，以發展補助學校為輕；又以發展高年級為重，以發展低年級為輕；在第五個時期從一九一四年到現在（一九四〇年）（約二十六年），因為教育的事業日趨發展和時間的較長，在這時期內教育行政大概以私立學校立案，改良學校的質素，和注意到農村的學校為主。近來並且注意師資的訓練和改良及漢文小學教育的推展。

我們試就上列的五個時期把他們的特點分別申述。

（一）第一時期（一八四一年至一八五九年）

香港自割讓與英國以後，在第一任總督布甸乍氏（Pottinger，一八四一年至一八四四年）的任內，基督教的教會立即就跟着來做傳教和教育的工作。英人設立的第一間學校是馬禮遜學校（Morrison School）是在一八四三年由理雅各牧師用馬禮遜教會的名義設立的。（註四）這間學校不久就停辦了（一八四九年），但仍不失為歷史上香港第一間的學校。他的遺跡尚有留下很好的藏書，稱為馬禮遜藏書，存在香港大學圖書館裏來供人的檢閱。在同年，一八四三年，六月，聖公會的牧師士丹頓（V. Stanton）設立聖保羅書院用來訓練聖公會的華人宣教士，這間學校到今日依然存在，不過幾經變遷，現已成為一所普通中

註四：理雅各（James Legge）是蘇格蘭人

學了。

香港政府很早就有學校補助的辦法了。這個大概是英國行政制度的「得意之作」。在第二任總督戴維斯 Davis（一八四四年至一八四八年）的時候已經有十一間細小的學校領受着政府每月五圓的補助。當時爲着這種補助金的管理，政府就設有教育委員會 Committee of Education 這個教育委員會其後又有許多的變遷。政府的意思是想一切補助的學校都成爲傳教或「勸人入教」的場所，據說戴維斯總督當時寫給維多利亞會督 Bishop of Victoria（註五）的信有下列一段話，我們就可以看出當時的情形了。

「倘若這些學校將來能夠完全由受過新教的傳教士所薰陶的基督徒担任爲教員，那就可以使到把本島原有居民歸信基督教得到最合理的展望了」（註六）。

再從一八五〇年教育委員會關於補助學校的報告看，我們找得他們有一句關於這類的結果的話：「各教員都是經已宣認的基督教徒了（Professed Christions）。」這個報告並且將般會督所編教會問答 Bishop Bone's Catechisms 列爲各校用書之一，而這個教會問答又

註五：維多利亞會督是聖公會教會在香港（維多利亞）的最高級的主持人，是根據一八四九年英國政府命令正式規定設立的。一八五〇年以前聖公會教會由殖民地駐軍的主任牧師 Colonial Chaplain 主持。

註六：Hong Kong Educational System, Imperial Education Conference Papers, 1914, p. 2.

已譯成中文列爲必修科，由這些經已宣認的教徒照樣的去教了（註七）。

此外，關於第一個時期的教育，值得特別提及的就是爲着教育外國兒童的學校的設立和那個時期的學校數及學生數。在一八五五年爲着歐美國籍的兒童的教育，由政府辦聖安德烈學校 St. Andrew's School。那間學校辦了七年就停辦了。當時就學的兒童是有十種不同的國籍，所以和今日的英童學校對於國籍是有特別的規定，嚴格收受的，就很不相同了。

在這個時期，除了聖安得烈學校之外，共有政府公立學校十三間，平均出席人數四百名；教會學校四間，兩間是新教教會所設立的，兩間是羅馬天主教所設立的，四間學校平均出席人數爲一百名。從這些數目字看來，我們就可以知道當時的學校都很細小，每間平均不過三十人。公立的學校開始教授些少的淺易英語。

（二）第二時期（一八六〇年至一八七七年）

我們認一八六〇年是入了第二個時期，因爲自那年起，香港的教育行政有一個的轉變。一八六〇年以前政府對於教育大概爲勸人入教的事業，但是那位倫敦傳道會的傳教士理雅各博士，因爲他是一位學者，始終就不贊成這個看法。大概又因爲他不是一個有組織的教會，如天主教和聖公會的教會的傳教士，所以他更反對採取任何的「國教」（政府

註七：Hong Kong Educational System, Imperial Education Conference Papers, 1914, p. 2.

的正教）State Religion的制度，及至羅便臣總督（Sir Hercules Robinson）履任的時候，他的主張就得了抬頭，從前用來管理政府補助學校經費而組織的教育委員會，在一八六〇年改爲教育董事會（Board of Education）來管理政府所設立的學校，理雅各就做了這個董事會的主席。在那年（一八六〇年）理氏就把政府辦的三間細小的學校合併爲一間中心學校（Central School）稱爲皇仁書院 Queen's College，這間學校至到今日仍然存在，幷且是香港一所有名的中學校。第一任的校長是史推活博士 Dr. Stuart，他不祗是皇仁書院的校長，幷且是教育董事會的視學。於是政府的教育事業自後就流入一個政府的官員的手上，對總督直接負責，與其他的政府事業一樣，而不是受聖公會的會督的統轄了。

這幷不是說這個時期的教會學校不發達。當時羅馬天主教會的利蒲德主教（高主教）Bishop Raimondi 是一位很熱心於教育事業的人。由他引導，設立了許多間天主教的學校，到一八七一年之時，已經有了十三間學校和六百以上的學生，其中男女各半。西營盤工藝學校，（West Point Reformatory）就是其中的一間學校。新教教會的學校沒有這樣的發達，他們的兒童總共不過一百餘人而已。

在這個時期所設立的學校，除了上面所舉列的以外，還有聖公會在一八七〇年間設的「屬教區的男童學校及孤兒院，」Diocesan School and Orphanage for Boys（現稱拔萃男書院）又有天主教一八七五年開設的聖約瑟書院 St. Joseph's College（俗稱羅馬堂）。

關於政府教育費的支配，這個時期是以辦理學科的教育或非宗教的教育 Secular Education 爲限。在一八七一年以前，一切的教會學校都不能領受政府的補助。羅馬天主教的學校，就直至一八七七年都不受政府的補助。但自一八七一年起政府就有補助教會學校的規程，但是宗教教育是受限制之列。凡受補助的教會學校每日要有四小時的連續時間不許教授宗教的。這一點不能不認是和第一個時期的主張有很大的不同了。雖然有這一點的限制，但是這種的補助，助成了新教教會的學校的發展。由一八七二年至一八七六年的五年間，新教教會的學校居然由四所增至十一所了。

(三)第三時期（一八七八年至一九〇〇年）

在這時期間，教育的行政長官共有二人，即伊徒爾博士（Dr. Eitel）和貝樂雲(A. W. Brewin）二氏。但是伊徒爾氏的任期爲十九年（一八七九年至一八九七年），貝氏的不過四年（一八九七至一九〇一年）所以伊氏的影響當然是最大了。他的政見大概是和他的時代的政治見解相同，是主張自由主義或放任主義Laissez-faire的。他以爲政府去辦學校是無須要的。他主張鼓勵私人的辦學。當時學校補助的規程又經於一八七八年修改，較前爲寬限了。受政府補助的教會學校除了要依照規程所定的科目要每日教授四小時之外，可以自由教授宗教了。自此以後教會學校和政府學校就沒有以前的彼此排擠的態度了。政府的學校在這個政策之下日漸減少。因爲有了學校補助法，就視政府學校爲多餘的，所以在一八九三年的一年間，有十三所政府所辦的學校宣告停辦。

當史推活氏任政府的視學的時候，他是兼任皇仁書院的校長的。但是當伊徒爾氏任視學的時候，皇仁書院的校長是由另一人充任。任皇仁書院校長的是黎德博士(Dr. Wright)。因爲他們兩人的意見每每不能相同，皇仁書院卒要脫離視學的權力範圍之外而獨立存在，這個制度雖然在黎德氏退休以後就經已取消，但是皇仁書院與教育行政機關的磨擦許久仍未消除。

(四)第四時期(一九〇一年至一九一三年)

這十年內香港的教育事業沒有很大的變動，但是都醞釀着許多影響香港教育以後的事情。其實從一九一〇年來代表這個時期的終結，不一定是很好的辦法，不過耳飛露氏(E. Irving 由一九〇一年至一九二五年任香港教育司)在他的報告書裏(註六)是這樣劃分的。我們不妨隨便的依照他的分法。照他的意見，這是香港教育一個很活躍的時期，最重要的，第一就是一九〇一年的教育委員會報告書對於當時香港教育的許多的缺點的指出。當時的委員有何啓，貝樂雲，耳飛露和註册司(Registrar General)，以後香港教育的許多的改革都是由這個報告所發生的。這個報告對於學校的課程和教學法提出要着重(一)採用口習法來教授英語，(二)歷史和地理的內容與教法要有近代的觀念，(三)華人的兒童應多採他們中國語言的訓練等。第二，大概可以說是着重發展公立的學校比較發展補助的學校爲多，而着重鼓勵高年級比較鼓勵低年級爲多。例如在一九〇一年公立學校中可以說

註六：Hong Kong Education System, Imperial Education Conference Papers, 1914, p. 4.

辦有中等教育的祗有皇仁書院和庇利羅士女書院兩間，但是經過這十年，就有九所這樣的中學，六所是爲華人辦的，三所是爲英籍兒童的。此外，在這個時期內并且創立了四所有地位的私立中學。從經費方面來說，一九〇一年的教育經費爲六〇、六六三元，及至一九一一年已經爲一八二、三五五元。同時英文學校學生（公立學校及補助學校合計）人數加增了百分之六十，而漢文學校學生人數之加增不過百分之十，公立學校教員人數之增加由二十七名而至九十八名了。

（五）第五時期（一九一一至一九四〇年）

我們把一九一一年間來做另一個時期的分段這點大概沒有什麼不合理的地方，因爲在一九一一年及一九一三年兩年有兩件重要的事情形成，第一就是香港大學的成立，第二就是關於規定學校立案的教育法令的頒行（一九一三年）。這兩種事情對於香港教育的發展都有很大的關係。至於這個時期，應算作那年終結，這就可以成爲不容易說定的了。大概中日戰事對香港文化的影響，和中日戰爭結束之後對於香港教育的後果，都會產生一種新動態的。

本來對於這一個時期，依照許多寫作近代史的人的慣技可以稱他爲香港教育的發展時期的，但是，我們稍爲細意就總覺得不能這樣說，因爲雖則香港的教育在近三十年有了很大的發展，但是以前又何嘗不是有發展的呢？以後又何嘗不會有發展的呢？我們或可稱這個時期爲學校教育的統系化的時期。在一切學校之上有一所大學，而是祗有一所的；一切公立及受補助的英文的中學都以能投考入該大學的入學試爲他們的課程標準。而在香港的一切中小學校都要立案，一切教員都要經過檢定，中學校又開始由教育司辦有結業的考試，而學校的辦理都有一九一三年的基礎法案可循，和受他的限制。

最近幾年有一兩個重要的方案都和香港以後的教育有很大的關係的。一個是一九三五年英國教育部督學賓尼氏（Mr. E. Burnay）的意見書。他受英國教育部的遣派來視察香港的教育。他建議中學結業考試的改良，英文學校課程的改變，和對於華人小學教育的特別注重。第二個方案是一九三八年羅富國總督派出研究香港師範教育的委員會報告書對於師範訓練的改革。關於這個時期的學校情形與教育的發展都是現在的情形，我們在討論現在的教育的各方面的時候再會有機會論及的。

第三節　教育政策與方針

要討論香港的教育政策與方針，實在不是一件容易的事情，其實討論任何地方的教育政策與方針都是不容易的。因爲教育的事業是有許多方面的，討論政策與方針的人，很容易就會掛一漏萬的。比方，關於職業教育，師範教育，自有政策與方針的問題；關於初等教育和中等教育又有他的政策與方針問題了；關於男子教育與女子教育又有他的政策與方針問題了；關於教會教育，私立教育與公立教育；關於學校教育與社會教育；關於教育經戕與管理；關於學校的課程，方法，與訓育；關於公民教育，健康教育；關於英童教育，與華童教育；關於城市教育與農村教育等等，無一不可以作關於政策與方針問題的討論。若果每一個問題都要詳細審問，和對於每一個問題都要找尋它近一百年來的演變，那就是極不易解答的事情了。况且香港的教育，和其他的事情一樣，許多都是有具文而無實質的，或有實質而無具文的。若要在文獻缺少的情况和根據旁的材料而想去砌成這一幅教育政策的精細的圖畫，那就確是難上加難了。

在上面討論教育沿革史的時候曾經提及過關於過去的重要的教育政策的改變，尤其是從英國人的眼光來看的，現在我們試把幾點稍爲顯著的作簡略的舉述：

一、一切的學校都要立案，要受監督。但除了違反殖民地政策和有違背公安的措施之外，政府對所干涉的，祇是學校設施的衞生條件。

二、大凡領受政府的補助的學校都須要照政府的課程辦理，其餘的學校，課程不受限制。

三、英國的兒童由政府另設英童學校來教育他們，不與種族不同，信仰不同的兒童混雜（註九）。

四、男女兒童在十二歲以下的可以同校，在十二歲以上的要分校。

註九：Hong Kong, Education System, Imperial Education Conference Papers, 1914, p. 7.

五、香港祇設大學一所，各英文中學的課程并且要能和這大學的課程涵接。大學另有他的行政機關，不屬一般教育行政的範圍之內。

六、職業教育除了適應商業社會所需要的文員之外是不注意的。

七、教育行政全以學校爲對象，社會教育至今尚未視爲教育行政的範圍。

八、私塾教育是政府所不取締的，教會教育是政府所歡迎的。

九、義務教育政府尚未認爲是政府的責任，推諉的人并且以爲義務教育的施行容易有許多華人子女由中國地方來自白享受免費教育，那就增加了香港居民納稅的負担了。

十、師範教育的地位，是政府已經開始認識的。

十一、政府對於農區的教育逐漸有些欲負改進的用心。

十二、高級的教育行政職務，應由英人担負，而英人教職員的薪俸待遇應與華人不同。（理由就是因爲生活程度及氣候之不同）。

十三、自一九三五年起開始注意華人的小學教育的改良與推進。

第四節　私立學校立案法

香港教育的一個重要的法令，香港教育的人士常常就稱他爲「一九一三年的教育法令」。這個法令在當時看來，和從英國人的意思與英國帝國的教育行政的習慣觀點，要算是一件具有異常遠大眼光與勇氣的立法舉動。這個法令是：香港一切的學校都要向政府——教育司——立案，幷且在條文上有很詳細的規定。這個對於一切私立學校都要向政府立案的規定，不祇是在香港是第一次的有這種的立法，幷且是英國帝國境內的破天荒的舉動（註十）。當時規定的原因大概有三個。第一，他們認爲爲着社會人士之利益，政府對於工廠與鑛場，都有視察的權，對於貨的眞僞都有檢核的權，所以學校教育的良好與否，政府都應注意管轄，以免社會人士受壞教育的愚弄。第二，他們當時認爲政府對於政府教育經費的用度是否妥適，應要明白私立學校的教育經費是如何的，而若要明白私立學校的教育經費就非有強迫立案的制度不可。第三，他們認爲在香港的地方，學校有暗中作不法的宣傳的可能，這又非強迫立案不可。於是這個關於若干學校的立案與視察法令就在一九一三年八月八日在梅總督（T. H. May）的名義下公佈，並規定自一九一四年十月一日起實行（註十一）。

這個法令，共有二十三項，分爲五章，第一章是總綱；第二章，學校的立案（或註册）；第三章，免受視察的學校；第四章，學校的統轄與視導；第五章，其他。

註十：Report of the Director of Education for the year 1900-1938, P. O. 3. Also see: Hong Kong, Education System, Imperial Education Conference Papers, 1914, p. 13.

註十一：法令詳見 Government Gazettes (Weekly), (Government and Printers and Grown Agents) Vol. LIX No 34, August. 8, 1913, p. p. 344-349.

這個法令，實在就是香港的私立學校立案規程。效力至今仍沒有改變。在一九二四年雖曾關於第一章第四欵，第五欵，第六欵，第二章第九欵，第十欵，第三章第十一欵，第四章第十四欵，第十五欵，第十六欵，第十七欵等有細微的修正，同時關于第四章第十三欵和第五章第二十三欵是完全删去，但不能說是那個法令本身的修訂。作者（除了把它的全文和一九二四年的修正文載在本文的附錄之外，）在這裏想將它的大綱撮述如下：

第一章總綱，內分（一）定名：香港教育法令，（二）各種學校的定義，（三）不受香港法令管轄的學校，（四）教育司的任用，（五）學校視察員及助理視察員的任用，（六）教育司，視察員及輔視察員的待遇，（七）學校立案的規定，（八）對于不合法學校的處置。

第二章學校的立案（或註册），內分：（一）原有學校的立案法，（二）新設學校的立案法。

第三章免受視察的學校，請求爲免受視察的學校的根據。

第四章學校的統轄與視導，內分：（一）香港政府對于學校的統轄與視導工作，（二）學校章程，（三）章程由香港政府公報公佈（此項條文經一九二四年修正教育法令取消），（四）立案學校的視察，（五）免受視察的學校的視察，（六）視察官員的正確記錄，（七）視察的效果。

第五章其他，內分，（一）學校記錄，（二）起訴，（三）政府對于停閉學校的權力，（四）廢止漢文教員委員會。

若想明瞭這個法令的詳細內容，就當要把原文的全部翻閱了。

第五節　教育行政組織

雖然論述香港教育的英國人，每喜歡說香港在開埠的初期已經注意到教育的需要，但這并不是說開始就有教育行政機關的設立。其實由政府設置教育行政機關來專司教育行政都不過是近代的事。就英國本身來說，它的教育部的成立，不過是自一八五六年才開始，而當時却不過祇去負管理學校補助費的一項責任，它的權力擴大到別種行政權力的，都不過自一八九八年開始。至於英國地方教育行政機關的明令設立，是在一九〇二年頒佈的。若從英國教育行政組織的演進的觀點來說，香港的教育行政機關的組織，不能算作有怎樣的差異。

正如我們在上面曾經說過的，香港的教育事業，最初是由英國的聖公會，羅馬天主教會，和英國倫敦傳道會分別辦理的。當時，在一八四九年以前，英政府尚未有將設立聖公會駐港的「維多利亞（香港）的會督」Bishop of Victoria 的命令頒佈，英國教會的事是由殖民地方隨軍牧師」Colonial Chaplain 士丹頓牧師 Rev. V. Stanton 主持。天主教的主持人爲腓神父 Father Antonia Feliciani。倫敦傳道會的主持人爲理雅各牧師 Rev. James

Legge。

香港政府設立教育行政的機關，可說是自一八五〇年始。因爲當時已經有了十所細小的學校是受政府每月五元的補助的，所以爲着管理這一宗每月五十元的補助費的分配，政府就設立了一個教育委員會 Education Committee 。那年三月聖公會的第一任的「維多利亞會督」史密會督Bishop Smith到任，政府就派他爲教育委員會的主席（註十二）。

從不甚充份的文獻中，我們所得而知的，實是很簡略。大略來說，教育委員會，經過十年的歷史，就於一八六〇年改組爲教育董事會了 Board of Education 。在一八六〇年以前，教育事業是教會，尤其是聖公會所把持的；那時就改由政府主持了。任主席的不是聖公會的會督，而是倫敦傳道會的牧師理雅各博士。理氏力主行政與宗教分立，他爲這個主張繼續去努力。

當時由三間公立學校而成的中心學校—皇仁書院，剛於一八六〇年成立了。派充第一任校長的史推活博士 Dr. Stuart，他又兼任教育董事會的視學 Inspector of Schools。教育局 Department of Education（香港今日稱爲教育司署）就成立了。它是政府行政機關的一部，直接向總督負責，而與教會不相統屬了。到了一八六五年，教育董事會又取銷了。當時的視學的地位是和今日的教育司相等的。

註十二：Historical and Statistical Abstract of the Colony of Hong Kong, 1841—1930, p. 7.

史推活氏任了那個職守差不多二十年。一八七九年繼他而任視學的是伊徒爾博士 Dr. Eitel（一八七九至一八九七）。伊氏是第二任的教育局視學，任職十八年。但他不是兼任皇仁書院的校長。當時皇仁書院的校長是另派黎德博士 Dr. Wright 担任（一八七九至一九〇九）。自黎氏任皇仁書院的校長任內，皇仁書院是脫離教育局而獨立，一共有三十年的期間。但自一九〇九年黎氏退休以後又恢復了統屬的關係了。一八九七年繼伊徒爾氏而任視學的是貝樂雲 A. W. Brewin氏（一八九七至一九〇一），他的任期四年。

一九〇一年繼貝氏任的爲耳飛譽氏 E.A. Irving（一九〇一至一九二四年）。他的任期共有二十四年。一九〇七年以前耳氏的職位是視學，而視學是不能管轄皇仁書院的。自一九〇九年皇仁書院的校長黎氏退休以後，耳飛譽氏的職位就稱爲教育局長 Director of Education（香港稱爲教育司的）。耳氏是一位很具魄力的行政人員，所以在他的任內，就頒行了一個私立學校立案規程，即普通稱爲一九一三年的教育法令，和一九一四年頒佈的學校補助法，兩個法令都是近三十年來香港教育行政的依据。因爲管理私立學校的事情的繁多（在一九一三年以前所要視察的不過六十餘所的官立及官費補助的學校，而現在所要視察的就有一千二百多所的學校了）。

一九二〇年香港政府又再有教育董事會的設立 Board of Education，目的是用來輔助教育司關于香港教育的改善與發展的。當時規定董事名額，除教育司，及英文學校高級視學與漢文學校高級視學三人之外再由政府委派九人。現在這九名名額已擴充爲十二名。

教育司兼任教育董事會的主席，每年開會五次，董事會的人選是香港辦學的英人和兩位華人的紳士。董事會之下，常有小委員會的設立來計劃與主持專辦或臨時的事情。

在上面我們也曾提及教育董事會的一種組織。我們不妨藉着討論教育行政機關的組織的時候再來一點補充的討論。這個教育董事會是一個新的組織，是一九二〇年所組織的，和以前的教育委員會，教育董事會等等沒有關係，因爲那些組織早就已經不存在了。根据一九二〇年的規程，這個董事會是由（一）教育司，（二）英文學校及漢文學校的高級視學官，和（三）由政府委派的會員九人合組的，照當時所定的人數是十二位，但現在已經增到十五位，根据那年的規定，這個董事會是以補助教育司改良和發展香港的教育爲目的。及至一九二二年，董事會的權力幷且推展到可以隨時視察任何的補助學校Graut School，但要和教育司一同前往的。

我們在下面把教育局的現在組織和職責作一個概略的介紹：

現在的組織，教育司署的高級職員共十二人，計教育司Director 一人，高級視學 Senior Inspectors 二人（均英人），漢文學校視學 Inspectors of Vernacular Schools 四人（均華人），體育視導一人，學校衛生官一人，華人衛生官二人，及工藝學校兼工科學校校長一人（英人）（註十三）。此外尚有漢文學校助理視學八人，和書記Clerks五人（註十四）。

註十三：Resport of Director of Education, 1938, P. O. 39.

註十四：Dollar Directory, 1940, p. 62.

視學的名額共十四名，這個數目確要算是不少的了。譬如，從前廣州市的教育局甚至廣東省的教育廳的視學人員都沒有這個大的數目。不過，這都是近年來的事，在一九一四年的時候，他們都不過有四名視學，兩名是英人，其中一人爲英文學校視學，一人爲漢文學校視學，其他兩名是華人，稱爲助理視學（註十五）

教育司是以「官學生」Cadets中出身的爲合格。（關于「官學生」的制度，我們以前也曾論及了。）（見前第二十二頁）。這就是說他是從有過大學的教育而是有任「殖民地地方官」的企圖的人出身而經過殖民地內地方訓練的。他根本就是一個殖民官而不是英國的教育家或教育學者。隨他做事的「高級」職員，當然也要是英人，他們又都是以從「官學生」出身的爲多。他們設有的高級職員，英人和華人，無論是否從教育訓練出身，差不多完全都是大學畢業出身。從現在他們的十二位高級職員的學歷來看，其中十一位是有大學的學位的。

雖然視學是他們的一種職位，或甚至職階的一種普通名稱，但視學的工作是兼辦我們中國的教育行政機關的秘書和科長的事情，而各視學官都是確有視察學校的專責的。這些，在第三編，我們就會詳細的去論及香港的學校的分類，但是我們在這裏可以大致提及他們分列學校的兩大類，一是英文學校，一是漢文學校。固然，視察的學校和範圍常有變

註十五：Educational System of Hong Kong, Imperial Education Conference Papers, Hong Kong, 1914, p. 12—13.

更的，但大致上來說，英文學校由英人視察，漢文學校由華人視察。關于官立學校，大概是由英人視察的了。因爲官立學校其中十六間是英文學校祗有四間是漢文學校，三間是漢文的師範和一間是元朗的漢文小學。華人視學官的視察範圍大概是分區負責的，現在是分爲九龍區，新界區，和香港的東區，中區與西區，各區分別負責。一切的私立學校每年最少都有一次的視察。關于受補助的私立英文學校，間中亦有華人視學負責視察的。

關于教育經費，我們在下一段就會說及。在這裏我們想說及他的行政與視導的經費。据一九三八年的支出，教育的總經費爲二、一五九、五〇八・一一元，其中行政視導費佔二〇八、二九五・八五元。行政費大約可說是佔整個教育經費的十分之一。

關于香港的教育的諮詢和特別事務的主持，間中亦有其他的委員會的組織，如教員的訓練問題，也會派出一個委員會去研究。這個委員會的報告是有關于香港師資訓練的方針與前途的，又如一九三六年又組織了一個「地方攷試委員會」Local Examination Syndicate。這個委員會是屬較永久的，他的任務是去主持香港英文學校的中學畢業攷試(可說是中學會考)的。這個委員會的會員爲八人，由教育司一人(兼會長)高級視學官一人(兼主席)，男校校長四人(其中二名屬官立學校的校長，二名屬補助學校的校長)及女校校長二人。

教育局與其他機關代辦及合作的事情有幾件是值得提及的。教育局代別些機關辦理考試的事務的如：初級書記考試，繙譯員考試，試用書記考試，滅火局人員考試等。代理香港以外別些團體辦理考試事務的，如：劍橋大學的中學生證書考試，倫敦大學入學試，倫敦商會考試，加拉士高會計師總會考試，和書記總會考試等。其他關于學校衛生的檢查，校地校園佈置，校舍的修理，都和衛生局，園林局，和工務局等有很適當的合作。

第六節　教育經費

香港的教育經費，照過去的歷史，大約佔香港政府全部經費的百份之一以上至百份之五之間，根据他們由一八四一至一九三〇的九十年的統計（註十六），最高的佔全部經費百份之五・九一，最低的佔百份之一・一三，中數約為百份之三。就一九三八年而論，香港政府的總支出為三七、一七五、八九七・八二元，教育經費為二、一五九、五〇八・一一元（見 1938 Report P.O.S.），佔全數的百份之五・四一，大概和香港的工務局或衛生局的行政費用相近（工務局經費為二、二一三、六六七・七一元。衛生局的經費為二、四〇七、三四七・九二元）。

在香港的教育經費內，他們分為五類。第五類是什項。一九三八年的支出沒有這項，所以我們只說四項：

註十六：Historical and Ststistical Abstract of the Colony of Hong Kong, 1941—1930, Appendix.

一、官立學校	一、五三九、三四五・五四元
二、補助學校	三八七、二〇五・〇〇元
三、行政與視察	二〇八、二九五・八七元
四、獎學金	二四、六六一・七〇元
共計	二、一五九、五〇八・一一元

在這裏有一點要聲明的，官立學校共二十間，除了官立的大埔師範學校一所之外，都收學費的。學費的徵收每年每學生最多是一百二十元（皇仁及英皇二書院），中數是六十元，最低是六元（註十七）。收費原本是低一點，後來經教育董事會於一九二七年派出一個委員會來解決這個收學費的問題，於是就有了現在的增加。按一九三八年的官立學校的學費總收入爲二八〇、八六三・五〇元，故除了教育的收入以外，官立學校的經費的實支數目爲一、二四八、四八二・〇四元，總教育經費的實支爲一、八七八、六四四・六一元。

就着上面的經費的支出，我們試把各項稍爲分析一下：（一）官立學校的費用佔全數的百份之七一・二八。這個比率不是一個細小的比率，而這個數目也不是一個細小的數目。這二十所的公立學校共容有學生五、一六七人（平均到學的人數不過四、五六〇人），祇佔全港學生人數百份之二（全港學生人數爲一〇四、一六四人）。爲着百份之二的學童

註十七：Annual Report of the Director of Education, 1938, P. O. 41, Total XIV.

而動用了百份七十的教育經費，這是一件可以値得考慮的事情。官立學校的學生的教育費平均每年每人爲三三七、五八元。（若除了學費的收入祇計人民的負担，每一名註册的學生－上課與否不計－平均每名每年爲二四一・六三元。）

（二）香港對于學校的補助是很看重的，關于補助的辦法，他們製了一個十分詳細的法案，它可稱爲補助法 The Grant Code 補助的辦法在香港的教育有了很長很長的歷史了。學校的補助自一八五〇年經已開始施行了，不過事屬簡單沒有立法的需要。補助法是一八七二年訂立的。當時規定受補助學校不得教授宗教。一八七八年補助法經過修正，在若干時間之外，亦可以教授宗教科目。一八九四年補助法又經修正，學校的建築費都可以得受政府的補助，此後又經一九〇一年和一九一〇年的修正。但是一九一四年所修正的補助法就算最詳細的了，以後雖然有了多次的修改，但是大綱仍然是與一九一四年製定的相同。

一九一四年的補助法，共有條文五十七條，共分爲（1）總則，（2）定義，（3）出席人數，（4）負責人，（5）教員，（6）校地校舍，（7）課程，（8）普通條件，（9）補助的性質、數目與估計，（10）取消補助等十章。這個補助法有幾點重要的規定：（1）受補助的學校的學級編制與學級名稱無論是英文學校抑漢文學校，都要分別遵照一律的制度。（2）受補助的學校以教學四歲至二十一歲的學生爲限。（3）受補助的學校每年假期，上課日數及學生出席等的計算法。（4）受補助學校所應有的設備和常備檢查的帳目及學校紀錄，(5)每班人數不得超過一定數額，英文學校不得超過四十人，漢文學校不得超過五十人。(6)受補助的學校各年級的教員的資格的最低標準。(7)課室的容積不能低過相當的標準；英文學校每人須佔有一百二十立方呎和十二方呎，漢文學校一百立方呎和十方呎。(8)受補助的學校的課程須經教育司的核准，英文學校并以投考香港大學入學試爲課程的目標。(9)各年級學生每名的補助金額，英文學校由最低年級十二元起至最高年級二十四元止，漢文學校由最低年級三元起至最高年級十一元止。這個補助額經于一九〇三年改爲：英文學校每名每年(男生)四十元，(女生)三十五元；漢文學校每名每年(男生)三十五元，(女生)十四元。(10)政府的補助當有關于送學生參加香港大學考試，及校舍租金，建築校舍，擴充及修葺校舍的其他獎勵與補助。(11)在何種情況之下政府得執行停止補助。這個補助法的制度是英國教育行政一個有成效的制度。這個補助法的內容以後經過相當的修正。

(三)第三項是行政與視察的費用，我們在上面經已說過，現在可以不再予論及了。

(四)第四項是獎學金的經費佔有二四、六六一·七〇元。根據一九三八年的香港教育司報告書，香港學校的獎學金項目共有六十九項，其中大多數每項祇獎一名的。但亦有些每項獎有多名的。有些指定獎給何校，何級，何科，或何國籍的等等。許多都是私人所捐贈的。在六十九項當中有九項稱爲「政府獎學金」，其中有些每項獎至三十五名的，大多數都是免費學額。政府的獎學金中有一項是特別優待的，這就是「政府教育獎學金」，設有許多名的。這是獎給投考香港大學的學生應允在大學畢業後在香港的學校服務若干年而入學考試成績屬優良的。這個學額包含大學四年內的一切繳交大學的費用和宿舍費，及購買書籍，個人零用，及假期用費等等的。爲着以上政府九種的獎學金，政府每年（一九三八）支出二四、六六一•七〇元。這雖然和整個的社會需要相差極遠，但是，這個獎學金的制度，在英國是很風行的，介紹來香港，可說是在現階段的社會組織中一種很好的教育風氣。不過在英國公立學校的學額是很多的，而且除了免費 Scholarships 之外，尙有生活等費的補助費 Stipends 的。

第七節　教員的資格與待遇

香港的師資訓練工作，我們在第三編學校系統關于師範學校和學校行政人員與收費兩節再會有所討論。我們在這裏想把在職的教員的資格與待遇稍爲一說。根据一九三八年的統計全香港的中小學校教員共有四、〇二八名（註十八）。其中中學教員佔一五六四名，小學教員佔二、四六四名，男教員佔二、二二八名，女教員佔一、八〇〇名。其中大學畢

註十八：香港的駐軍本身辦有英童小學五所，和聖士提反男校一所均不受政府視察的，所以教員人數無須呈報，故沒有計算在內（Annual Report of the Director of Education 1938, P. O. 34）。

業佔六一三名，中學畢業佔一、一九二名，未經中學畢業的佔二、二二三名；曾受過教育或師範訓練的佔一、五六七名，未受過教育或師範訓練的八二、四六一名，大學教育系畢業而教中學的大概十名，小學教員中祇佔一名。茲試將原表詳錄如下：

一九三八年香港各學校教員數目與資歷表

出身		大學畢業出身		中學畢業出身		未經中學畢業的		共計
已否受過教育或師範訓練		已	未	已	未	已	未	
小學	男	八五	二七	二七七	一五〇	一八	二八六	一、三七〇
	女	二〇	四	二六八	五一	一五	三二〇	一、〇九四
中學	男	二八九	二四	一八三	二五	一七	七三六	八五八
	女	一五七	七	二二〇	一八	一八	八一三	七〇六
合計		五五一	六二	九四八	二四四	六八	二、一五九	四、〇二八

香港的教員都要經過教育司的檢定。但是檢定的手續是很簡單的。倘若教育司認爲某申請檢定的教員的資格是有問題的，他可以給他一個口試之後再行決定。檢定合格的祇在教育司署的名册登記，沒有檢定證書發給的。

至於香港教員的待遇就十分參差和很不容易詳細知道的了。中日戰爭遷來香港上課的學校的教員，除了教會設立的學校之外，就多數的待遇都是十分十分微薄的。香港的官立的學校教員比私立的爲優了，私立學校中，政府補助的學校的教員大致又比在沒有政府補助的學校爲優了；而在官立學校，同一職位的教員，英國人又比中國人爲優了。官立學校的教員幷且有養老金的待遇和房租的津貼。

官立學校的教員，英人名額佔有很多。因爲英人的待遇甚高，和發給英鎊，所以官立學校的經費就特別龐大。教員的待遇確屬不錯。教員薪俸及待遇規則，想必是研究香港教育的人所想知道的。

關于香港官立學校教員的待遇，我們在文獻上總沒法找到，作者蒙在英皇書院教學多年的一位教員把他個人所知道的事實開述，而不是從明文的記載得來，但是作者認爲它是正確可靠而難得的材料，所以就把它記敘在下面。

香港官立學校的教員底待遇可以分爲薪俸，房租津貼，和養老金三種來說。在這三種待遇中又可分國籍，性別和學歷三方面，即分中國人和英國人，男性和女性，大學畢業的和未受過大學訓練的等等。

甲、薪俸

(一)華人教員的薪俸：

男教員的：

未經大學訓練的（英文或漢文）男教員，第一年爲九百元，以後每年均有加薪直至達到六千元爲最高額。每年加薪最少爲一百五十元，最多爲三百元。首五年的加薪每年爲一百五十元，次兩年的加薪每年爲三百元，以後的加薪每年爲二百元，直到達到年俸六千元止。

曾經大學畢業的男教員的薪金首年爲一千八百元，以後每年均有加薪，亦直至達到六千元爲最高額。首八年每年加薪一百五十元；以後每年加薪二百元直至達到年俸六千元爲止。此項教員，在任期第三年給特別津貼三百元。

女教員的：

未經大學訓練的漢文女教員，第一年爲四百八十元，每年加薪一百二十元直至達到二千四百元爲最高額。

未經大學畢業的英文女教員，第一年爲七百二十元，每年加薪一百二十元直至達到三千元爲最高額。曾經大學訓練的女教員，第一年爲一千三百二十元，每年加薪一百二十元，直至加到三千元爲最高額。

(二)西人教員的薪俸

男教員的：

凡經大學畢業的男教員，第一年的薪俸爲五百鎊（照現在滙率每鎊約值十五港圓計算爲七千五百元），每年均有加薪直至達到九百五十鎊爲最高額（約值港幣一萬四千二百五十元）。首五年每年加薪三十鎊，次兩年每年加薪六十鎊，其後每年加薪三十鎊直至達到九百五十鎊爲止。

女教員的：

凡經大學畢業的女教員，第一年的薪俸爲三百鎊（約伸港圓四千五百元），以後每年均加薪二十鎊，直至達到七百鎊爲最高額（約伸港圓一萬零五百元）。

乙、租金津貼

（一）華人教員的：

發給華人教員的租金津貼是根据其薪金的多少而定，即每年有二千四百至三千四百九十九元薪金的則每年發給二百四十元的租金津貼。但若每年有三千五百元至六千元薪金的則每年發給三百元的租金津貼（註十九）。

（二）西人教員的：

發給西人教員的租金津貼，是從第一年開始便有的了，第一年至第五年每年發給的租金津貼費是一千四百四十元，減去百份六的年俸。第六年至第十年每年發給的租金津貼費是一千八百元，減百分六的年俸，從第十年起，以後每年發給租金津貼費是二千一百元，減去百分六的年俸。

丙、養老金（華人與西人的養老金的比率相同）有兩種辦法，任擇其一：

（一）逐年取的：

註十九：若果是服役教員 Active Service 就要服務足十年才得開始享受此項待遇。

其算法：$\frac{7}{6} \times \frac{\text{已教月數}}{600} \times$ 薪金

(二)一次取去的：

其取法：$\frac{1}{4} \times$ 10年（逐年取的數）

以後再逐年取 $\frac{3}{4}$（逐年取的數）

香港官立學校教員薪俸表詳見本書附錄。

第二編　香港學校的系統

第一節　香港學校種類的分析

香港的學校現在(照一九三八年的統計)共有學校一二四九間，學生一〇四，一三四人。但學校的種類繁多，驟然一看，似難找得系統出來。作者就想把香港的學校來做一個分析，而分析的觀點是可以從許多方面着眼的；如：(一)從學校性質的觀點，(二)從學級的觀點，(三)從設置的觀點，(四)從經費的觀點，(五)從性別的觀點，(六)從種族的觀點，(七)從地區的觀點，(八)從課程的觀點，(九)從學制的觀點，(十)從視察的觀點。我們試就上列十個觀點分別論述。

(一)從學校性質的觀點，香港的學校大致可分爲兩大類，普通的學校和特種的學校。我們首先要說的就是，我們所討論的是祇以學校爲範圍，學校以外的，如社會教育，我們不談了，但是在學校範圍之內是有普通的學校和特種的學校兩種的分別。普通的學校如小學，中學，大學，師範學校，工業學校等等，特種的學校如盲人的學校，補習的學校，警察學校，軍事的學校等等。香港學校的數目雖然是有一二四九所（註一），但是其中有不少是夜校和補習學校，因爲根據香港的學校註册規程，一切的塲所，大凡有十人，或十人以上常在一起學習的就要稱爲學校，因而要立案，又列入學校之林了。(註二)屬于軍隊的

註一：Report of the Director of Education for the year 1938, Table V, P. O. 32.

學校，地方政府是無權過問的。我們在本編所討論的學校，祗屬普通學校的範圍，特種的學校我們不談了。

(二)從學級的觀點，香港的普通學校大概可以分爲三個級段，那是大學，中學，和小學。大學，或高等教育有時又稱爲中學以後的教育 Post Secondary Education (註三)。香港的高等教育從前就祗有香港大學一所，現在，自一九三九年九月間辦了師資訓練所以後就多了一所或可以稱爲高等教育的機關(註四)。這不是發給學位的地方，但是屬中等教育以後的教育，和我們中間的專科學校是相似的。香港大學則不屬教育司的行政範圍，香港教育經費是不把香港大學的經費包括在內的，我們遲些再有分別的論列。

所謂小學是指小學，私塾，和屬於小學制度的學校。所謂中學是指中學和屬於中學制度的學校，這些中學校，在香港每每稱爲書院的，他們收受兒童的年齡是較中國的中學爲低。譬如，有這中學辦有八班，他的第七，第八班收受十歲十一歲兒童，但他們算作中學生計算了。而同時辦有六年制的小學，他們的五年，六年級學生也正屬同一年齡，但又作小學計算了。這一點複雜的情形，我們應當在這裏指出。

註二：最近有跳舞學院查問應否立案，後經教育司署批認爲毋庸立案。

註三：Report of the Director of Education ch. VI. P. O. 11.

註四：這又不一定要算作高等教育的，因爲法國的師範學校，甚至高等師範學校都不入高等教育範圍，反而算作是屬於初等教育的系統。

（三）從設置的觀點，香港的學校有屬政府設立的，有屬教會設立的，有屬公共團體設立的，有屬私人設立的。政府設立的學校香港人士稱它爲「皇家書館」，共有二十所，基督教會所辦的學校雖然不是很多，但是在香港的學校中是最得社會的信用，他們很多辦有寄宿的，這是他們和官立學校一點很不相同的地方。公共團體和商會，公會，工會，同鄉會，慈善機關等所設立的有不少的義學來供給他們的子弟的教育。從這一點來看，我們中國的華僑團體對於華僑子弟的教育是具着很大的熱心；反過來看英國在香港的商人的子女的教育還要全賴政府供給，商人團體不去負責，亦可算華僑團體爲國家爭得一點可以稱爲光榮的事體了。至於私人所設立的學校有新式的學校和舊式的私塾。前者在中日戰事爆發後加增了不少，後者素來都在不少數，這種小型的私立學校到處皆有設立，在香港的中區與西區則觸目皆是。在中國的大都市中而有這樣多私塾的，香港恐怕要算第一的了。

私塾在香港教育中也佔得一地位，這種學校的課程就只有「四書」，「五經」，「古文評註」，「東萊博議」等，故一般文化水準是很低的，思想很不前進的。守舊的父兄便送他們的子弟進私塾念書，希冀他們的子弟讀上一年半載便到店舖子上來學生意了。他們的目的是求子弟認識一兩個字，學識記帳，或得些聖賢的道理，此外幷不是求什麼別的教育。

（四）從經費的觀點來看，香港的學校可以分爲三類：（1）政府的學校，（2）政府補助的學校和（3）非受政府補助的學校：受政府補助的學校又可分爲兩大類，一是補助的學校

Grant-in-Aid Schools，一是津貼的學校 Subsidized Schools，補助的學校和津貼的學校的實質的分別就在於補助金的多少。補助學校又分爲兩類，即英文學校和漢文學校。受補助的英文學校又分男生的補助和女生的補助。補助的計算法是以各該校平均出席人數爲標準。男生每名補助四十元，女生每名補助三十五元。漢文的學校而受補助的現在都是女校（三所），女生每名的補助費爲十四元。

至於津貼的學校其中不少是私塾，津貼的原則大致是補助各該校除去學費之收入外全年教員薪津及校舍租金之一半。學生於每名約津貼五元。照一九三八年的報告，市區學校的平均每名津貼五·五四元，農村區的學校平均每名津貼三·五一元。

照一九三八年的統計，政府學校共有二十間，學生平均出席人數爲四，五八〇人，政府支出經費爲一，五三九，三四五·五四元（除收到的學費二八〇，八六三·五〇元外，實支一，二五八，四八二·〇四元，補助英文的學校（收男生的）共七間，學生平均出席人數爲三，九三六人，政府補助費爲一五七，四四〇元。）補助的英文學校（收女生的）共八間，學生平均的出席人數爲二，九七六人，政府補助費爲一〇四，一六〇元。補助的漢文學校（收女生的）共三間，學生平均出席人數爲一，一〇一人，政府補助費爲一五，四一四元。津貼學校在市區的共一六一間，學生平均的出席人數爲一五，一六五人，政府津貼爲八八，三二〇元；津貼學校在農區的有一一九間，學生平均出席人數爲四，四〇七人，政府津貼費爲二〇，五一五元。此外完全不受政府津貼的學校有九二三間，學生有六五，二三〇人。此外尚有不受視察亦不受教育司補助的學校六間，學生共五六〇人，其中一所爲聖士提反男書院，五所爲香港英國駐隊自辦的英童小學。

（五）從性別的觀點，香港的學校可分爲三類，（1）男子學校，（2）女子學校和（3）男女同學的學校。普通來說男女是分校的，中學是必要分校設立，十歲至十八歲左右的青年男女是分校教育的。關於男女同校的學校有幾種：一、十歲以下的兒童是可以男女同學的，男子的小學可以收受十歲以下的女生，女子的小學可以收受十歲以下的男生。二、高等教育男女是可以同校的，香港大學從前是祗收男生的，但自一九二二年以後就收受女生了。三、師範教育是可以男女同學的，如師範夜班是男女同學的，和一九三八年開辦的師資訓練學院亦是男女同學的。四、爲英國的兒童而設的中學一所和小學九所除一所小學之外是男女同校的。香港的教育雖然不能認是特別忽略女子的教育，但是男子受教育的比女子的多一倍，又卽男子佔全港學生人數三分之二，女子佔三分之一。照一九三八年的統計，全港學生人數爲一〇四，一三四人，其中男生佔六九，七九三人，女子佔三四，三四一人。

（六）從種族的觀點來說，香港學校大致可分爲兩大類，一是專爲歐洲居民的子女而設的，一是爲其他種族的人而設的。這個分法我們可以從教育司的報告書見到的。第一類的學校是祗爲英國兒童而設的；但是美國的兒童和若干歐洲國籍的兒童都可以進去的。葡萄牙人雖然是歐洲人，但是不能進去，因爲葡萄牙人在香港社會地位雖或是較中國人高一點，但和英美人比較是低一點的，因爲他們大多數是屬書記，僱員的階級。況且就英國人的解釋：一、他們可以進入澳門的葡童學校；二、他們既屬天主教的，（英國人多數是聖公會的很少是天主教的），又很可以樂於進入香港天主教教會所辦的許多很有地位的男女分校了。這些爲歐洲兒童的學校共有十間，其中有五間是英國駐軍所辦的，那就祇限於英童的了。其他的學校當然是以華人的兒童佔最大多數或甚至全數。香港的公立學校和教會設立的英文學校收受不少混血種的兒童和印度及葡萄牙的兒童。屬歐洲種族的兒童亦有進入非專爲歐洲兒童而設的學校的。此外尙有專爲印度兒童和日本兒童而設的學校，前者是香港政府所辦的，後者是日本僑民所辦的。至於香港大學就是不分國籍的了。

（七）從地區的觀點，香港學校可以分爲兩大類，市區的學校和農區的學校，這一個分法本來沒有什麼重要，不過就視察的觀點，就有這個劃分，而在師資課程改善的問題來看，這個分法也是很相宜的。這個分法在教育行政方面，尤其在小學方面是很有用的。一九三八年的統計，全港的私立漢文學校有一〇六一間，其中設在農區的有二〇四間，約佔全數五分之一。設在農區的二〇四所學校，學生人數共九二九五人，女生佔一三九〇名，約全數七分之一。這就是說農區的女子的教育沒有市區的普遍了。

（八）從課程的觀點，香港的學校分爲兩大類，即英文學校 English School，和漢文學校或土語學校 Vernacular School。所謂英文學校是以英文爲主，所謂漢文學校是以漢文（土語）爲主。比方政府辦的職業學校之中亦因其教學所用的語言的媒介而分爲屬英文學校一類和屬漢文學校一類。所以中學程度的英文學校有二十五間，小學程度的英文學校有一四五間，用英語教學的職業學校有九間；中學程度的漢文學校有一一〇間，小學程度的漢文學校有九四九間，用漢文教學的職業學校有五間。計有英文學校一八四間，漢文學校一〇六五間，比率約爲一與五之比；英文學校的學生平均出席人數有一七，六二一人，漢文學校的學生平均出席人數爲七七，四七四人，比率爲二與九之比。政府所設的學校以英文爲主。在二十所官立學校之中，十六間是英文學校。而政府對於學校的補助又偏重英文學校，補助費特別優待。照一九三五年英國派來香港視察教育的部督學賓尼氏(Mr. E. Burney)的建議，以爲香港今後應要特別注意漢文學校尤其漢文小學。

(九)從學制的觀點，大概可以分爲兩大類，一是採行一種與英國的八年中學相似的制度，一是採行中國自一九二二年開始推行的六三三制度，香港的小學大多數是四年的，這些學校又似是中國的初級小學，但是同時又甚似銜接香港的八年制中學的，其實他們往往就是私塾的變相，甚至就是正牌私塾。近年來，因爲中國的六三三制已經在中國形成了一個頗固定的形態，又得了一般人頗清楚的認識而在香港裏朝向中國的教育的人亦逐漸多，所以香港的學校採行六三三制的日漸加增了。但是正式向中國政府立案的仍屬很少。就向廣東教育廳立案的學校而論，卽在抗戰期間連廣州遷來的不過五十間左右。

(十)從視察的觀點，香港的學校可分爲兩大類，一是教育司視察範圍以內的，一是教育司視察範圍以外的。所謂教育視察範圍以外的，除軍事學校，警察學校等以外，是指英國駐軍所辦的軍人子弟學校（共五所）和經請求免受視察的學校。請求免受視察的辦法是根據一九一三年的教育法令的。這一類的學校，除天主教的神父學校之外，普通的學校就祇有赤柱的聖士提反男校而已。

第二節　香港學校系統的整個情形

我們上面第一節把香港學校種類做了一個詳細的分析，在這裏我們想把香港學校的統系的整個情形說一說然後再在第三節把各種的學校的概況分別討論一下。

我們所要注意的其實是與香港的中國人有關的教育制度，而香港的中國人（在平均）已佔了全港人口百份之九六・七（據一九三一年三月的統計全港人口爲八四九，七五一人，其中華人佔八二一，四二九人，非華人佔二八，三二二人）。但是我們不妨先說非華人的教育，然後才把他撇開。

所謂非中國人的教育，雖然是包括，印度人，葡萄牙人，日本人，和歐洲人等等，但是，事實上值得注意的祇是英人兒童的教育。專爲印度人的兒童的學校祇有一間，這間是小學程度，五年制的英文學校。印度人若想讀中學的，可以由那間官立印度兒童小學 (Ellis Kadoorie Indian School) 考入其他的中學的第三班，尤其是皇仁書院。其他的外國人，香港的政府雖然沒有爲他們專設學校，但是他們是可以自由投進許多間學校而不成問題的。但是英國兒童的教育制度就値得說及了。他們用地方的教育經費來辦三所純爲英童的小學，一所純爲英童的中小學。此外再由駐軍辦有純爲英童的小學五所。總合起有九所的學校，學生有一，二一三人。這一個系統的學校有幾點的特點：一、他們以種族國籍爲收容的條件，二、他們的教員純是英人，資格與待遇都特別高，三、他們不是用私人團體捐資辦理，并且有四所是用香港居民所納的稅來辦理的，四、他們自成一個系統，課程依照英國一般的學校，而以投考英國劍橋大學的初級入學試爲標準的。這一個英童學校制度是與其他非英童的學校制度是平行的，不相流通的，實在可看作是香港的一種雙軌制度。從前有一位英國人說過：在殖民地用公欵來設立學校專爲英國兒童享受的，在英國帝國之中，香港爲始創者（註五）。由此看來，香港的英國人都不缺少創作的本領啊！

說到爲教育華人的兒童的學校系統大概可以拿一般的私塾，八年制的中學，和香港大學三級的學校來代表正統的制度。固然，私塾和八年制的中學本身就是一個單位，就有他的本身的功用的。譬如許多兒童，讀完私塾之後，就不升學的，又有許多靑年讀完中學以後就不升學的，但是倘若一個靑年志向是入香港大學的，那麼八年制的中學就是他的最好的預備的學校了；又倘若一個兒童志向升學中學的，私塾是最啣接的預備學校了。因爲八年制的中學，是收受十多歲的兒童，大約是受過四年的漢文教育的兒童，投考第八班的十歲兒童是無須有什麼英文程度的，大約習過一年的英文或補習過三兩個月的淺易英語就可

註五：Hong Kong, Educational System, Imperial Education Conference Papers, 1914, p.9.

以的了。至於香港大學的入學資格是以八年制中學之第一班的程度爲根據的。爲着獎勵兒童由四年小學升入八年制的中學(英文學校)起見，政府每年并且設有三十個免費學額，大凡領得這些學額的可以享受五年的免費，由第八班起至讀完第四班爲止，而想再升入第三班的又另設有其他的三十五個學額。

其實八年制的中學亦可分作兩段來看，前五年即第八，第七，第六，第五，第四班爲第一段，後三年即第三，第二，第一班爲第二段。後的三年彷彿就是我們中國現行的高級中學，前的五年彷彿就是我們的初級中學和高級小學的合併。最湊巧的就是香港中學的第三班是一個插班的大機會，很像我們高中一年級是一個插班的大機會一樣；而政府所辦的所謂英文小學，總是辦至第四班爲止，而想要升學的就要投考皇仁書院等的第三班了。

倘若一個十歲至十二歲左右的兒童讀完小學之後，讀完四年或五年或六年的小學之後，又不想進入英文學校的，他可以考入官立漢文中學，官立漢文師範，官立高級工業學校(全爲男生的)，和投入其他的私立漢文中學。除非他是決心投入工藝，入了初級工業學校之外，他是可以遲些再行投考英文中學或甚至直接投考香港大學的。

至於香港大學，就可算是香港學校系統的冠冕了。一切的學校是要以能有多數的學生投考香港大學的入學試及格爲最榮幸的事情，教育的目標就以香港大學入學標準爲鵠的。近年來香港教育司舉辦一種中學的畢業會考，是爲中學讀完第二班的學生而舉辦的。這個考試是以中學的一般科學程度爲標準，及格的就給予香港學校證書。一九三八年應試的有八〇九名，及格的有五五四名。大凡非欲投入香港大學的就不要進第一班肄業了。

除了香港大學之外，尚有一所屬高等教育階段由政府新辦的師資訓練學院，是一九三九年創辦的，這所學校收英文學校或高中畢業生，給予他們兩年的師範訓練來担任英文或漢文學校教師的。

此外尚有其他的職業學校，夜學，補習學校等等。因爲談學制的人每每都感覺不易把他們和普通的學梯相提幷論，我們不在這裏提及，而待分別討論職業學校的時候再談了。

第三節　香港各種學校的概況

我們想把香港各種學校的概況分別來舉述。爲着分析的便利，我們擬採用上面的第四種的分類法，卽從經費的觀點的分類法。我們先談政府自辦的學校，次談政府補助的學校，最後談沒有受政府補助的學校。

(一)官立學校

照一九三八年教育司的報告香港的官立學校共有二十間。我們就先將他們的名稱舉列然後把他們分類來敍述：

一、中央英童書院 Central British School.

二、山頂小學 Peak School.

三、九龍英童小學 Kowloon Junior School.
四、北角英童小學 Quarry Bay School.
五、皇仁書院 Queen's College.
六、英皇書院 King's College.
七、育才書院 Ellis Kadoorie School.
八、灣仔小學 Wantsai School
九、油蔴地小學 Yaumati School.
十、比利羅士書院 Belilios Public School.
十一、初級工藝學校(學院)Junior Technical School.
十二、(高級)工藝學校 Trade School.
十三、峽道小學 Gap Road School.
十四、印童小學 Ellis Kadoorie Indian School.
十五、大埔(英文學校)小學 Tai Po School.
十六、長洲(官立學校)小學 Cheung Chau School.
十七、漢文中學及師範學校 Vernacular Normal & Middle School.
十八、女子漢文師範學校(漢文中學女校)Vernacular Normal School for Women.
十九、大埔漢文師範學校 Vernacular Normal School, Tai Po.

二十、元朗(官立學校)小學 Un Long School.

此外尙有英國駐軍所辦的五所的英童學校，我們遲些在討論英童學校時再提及。

英童學校，英文學校，漢文學校，師範學校和職業學校，我們可以把上列的官立學校分爲五類來敍述：

甲、官立的英童學校。

香港爲歐洲的兒童而專設官立學校去敎育他們的，是一八五五年創始（註六）。那間學校名稱爲聖安德烈學校，但那間學校辦了七年之後就停辦了。今日的英童學校不但不是聖安得烈學校的直接承繼者，幷且和聖安得烈學校的性質不同。聖安得烈學校是設有今日英童學校對於入學兒童國籍的嚴格限制，當時收受有十個不同國籍的兒童（註七）。大概英童學校的設立，有了一段的停頓和波折，直到一九〇一年左右才正式恢復。他們主張設立英童學校的公開的理由是：(一)香港的英國兒童應當和在英國居住的弟兄(兒童)受有同等的敎育機會，(二)政府爲華人等而設的英文學校的英文課程由第八班起(十歲以上)始開始習英文，是不合英國兒童的程度，(三)英國兒童不應在他們易受模型的童年和信仰不同

註六：Historical and Statistical Abstract of the Colony of Hong Kong 1841-1930, 載着爲英童而設的學校是自一八四五年始的。

註七：Hong Kong, Educational System, Imperial Education Conference Paper, 1914, p. 2.

，道德標準不同的外邦兒童相混雜。香港是英國人的屬地，英人的兒童應否享有特別的權利——如較優良的校舍與設備，較優良的師資與師資待遇——我們中國人可不必在這些枝節的地方來斤斤審問。不過明智和客觀的英國人的心中對於用一般人民的納稅來辦這些學校是感覺有點不安的。他們以爲或可以加收英童的學費一點來誘卸（註八）。但是皇仁書院和英皇書院的收費還比英童學校的收費爲高呢（註九）。雖然我們對於這點可以不必作贊成或反對，但事實是不妨知道的。

山頂學校（一九一四年一月設立的），鰂魚涌（北角）學校（一九二六年設立的），和九龍初級學校（一九三〇年設立的），都是純屬小學程度的學校。山頂學校收費最貴，每生每年納費一〇五元，其實住在山頂的西人都是西人中的特別富有的了。其他兩間小學每生每年納費六十元。山頂學校有教員五名，學生人數爲一〇〇名；九龍小學有教員六名，學生人數爲一三四名（以上俱照 Report of the Director of Education 1938的統計，以下同）。此外尚有駐軍自辦的英童小學五所，學生共三八六名，這五所學校是不受教育司和地方政府所管轄的。這些學校大致是收受五歲至九歲的男女兒童，（英國的義務教育年齡是從五歲

註八：Hong Kong, Educational System, Imperial Education Conference Papers,1914, p. 9.

註九：皇仁書院和英皇書院每生每年納一二〇元，英童學校收費最高的是山頂英童小學，每生每年納一〇五元。

起），課程是依照英國的同類的學校的。這兩間學校的經費，照一九三八年的報告，山頂學校爲四〇，八七四·八九元，鯽魚涌小學爲三五，二三八·九八元，九龍小學爲五八，九六七·九四元。

中央的英童書院初是設在九龍的亞皆老街，它並設中學和小學。上面八所的英童小學的學生是到這裏升學的。它有教員十九名學生三〇九名，但高年級（如第一，第二，第三班等）的學生共計不過四十二名。教育司并且設有免費學額十一名給與英童升學中央學校的，政府辦的英童小學每校每年獎一名，駐軍小學五所共獎八名。中央學校課程是以投考劍橋大學入學試爲標準。學生亦有考入香港大學的。學生每年納費九〇元。現在的中央學校校舍是新建好，在一九三六年遷入的。這間學校的建築和設備的完善和場所的舒適，是東方的一所最優良的校舍（註十），這間學校的經費爲一八三，五九九·一四元。

（二）官立的英文夜校

官立的英文學校共有十間，其中可分爲官立男子英文中學，官立女子英文中學，官立英文小學，和官立印度兒童小學四類。我們試分述如下：

（子）官立男子英文中學共有兩間，一爲皇仁書院（Queen's College），一爲英皇書院（King's College）。兩種學校的課程是一樣的，都是辦有八班，程度大概相同，學費又相同，每生每人高級繳費一二〇元，小學每人每年六〇元。但是他們的歷史是不相同的。

註十：Report of the Director of Education, 1938, p. 0. 5.

皇仁書院是香港一所歷史悠久，人才輩出的學校。是香港的一所很有名聲的學校，他的校長都常是香港教育的一個有地位的人。這間學校是一八六一年創立的，當時是理雅各博士任教育委員會主席的時候把三所細間的官立學校合併為一所「中央學校」而成的并稱他為皇仁書院。創辦的時候已經有準備去容納三百名學生的。第一任的校長，香港和英國喜歡稱為主任教師 Headmaster 或「大先生」的是史推活博士 Dr. Stuart。他任了十九年的校長。他當時并且集中皇仁書院而校長和教育委員會的督學於一身，他的地位的重要可以想見了。後來在一八七九年繼他為校長的是黎德博士 Dr. Wright，他又任了三十年，直至一九〇九年才退休。經過第一，二任長期的主持人的努力，皇仁書院就奠下了一個很穩固的根基。

皇仁書院現在的校址是一八八四年至一八八七年建築的。現在已經感覺太過陳舊，不適用了；况且現在的校址是人煙稠密達到極點和窮貧民的住宅和市場的地區，是嘈雜污濁不堪的。現在政府打算在東區加路連山地區建築新校舍了。照一九三八年的統計，該校的教員有三十四人（二十七名為英文教員，七名為漢文教員），學生有六一九名。全年經費為二四五，九六七・八九元。

它的課程是以英文為主，除漢文之外，一律以英語為教學用的語言。它兼辦中小學（書院的名稱是包含中小學的），共八班，第一、二、三班是最高的，這三班就必要稱為中學的了。但是對下的四、五、六、七、八班是有時可稱為英文小學的，因為香港政文小學有兩種，一種是辦五年的，即第八至第四班，一種是祇辦三年的，第八至第六班。五年制英文小學的學生讀完第四班之後就可以投入皇仁書院和英皇書院的第三班。政府并且設有三十五個兩年免費學額獎給這些考試成績優良的學生。這個免費考試亦公開給這兩間書院原有的第四班學生參加的。

英皇書院的歷史沒有皇仁書院的久遠。他是一九二六年才正式成立的。他的前身是西營盤的官立學校。西營盤小學是一八九一年設立的，當時最初容有學生一八六人。後來它日漸發達而不敷用了，於是就另覓地址新建校舍，改用新名稱。今日的英皇書院的校舍是一九二三年開始建築的，直至一九二七年底才正式揭幕。自有新校舍以來，因為課室設備與場所都煥然一新，於是皇仁書院和他相比就有點相形見拙了。現在英皇書院有教員四十名（其中英文教員三十三名，漢文教員七名）。學生八二三名，全年經費為二五四，四九四•六二元。

（丑）官立的女子英文學校祇有一所，名庇理羅士書院（Belilios Public School）。這間女子中學是一八九三年建立的。它取名為庇理羅士是因為用來紀念捐款建築該女校校舍的庇理羅士氏的（Mr. E. R. Belilios）。當時建校時是預備容納六〇八名的女生的，現在有學生六五四人，教員三十二人（其中英文教員二十一人，漢文教員十一人），全年經費為一三四，四〇八，三五元。學級除中小學之外并設有幼兒班收受十歲以下的女童的，每年設有免費學額十二名給予投考第八班的學生的。學生學費每月四元。這校原是一所有名譽和程度很高的學校。

(豆)官立的華童英文小學共有六間，即灣仔小學，油蔴地小學，育才學校，峽道小學，大埔小學和長洲小學。這些學校有時又稱爲分區小學 District Schools 祇收男生的，前三間是五年制的，後三校是三年制的。這幾間學校都是爲華童而設，雖然稱爲小學，但是收受十歲及以上的兒童，最低限度的是要曾經在漢文小學受過四年教育的。這些學校的最高年級爲第四班。讀完五年，第四班的，可以投入各英文中學的第三班。政府每年幷且設有三十五個兩年免費的學額獎給第四班肄業完畢，試驗成績優良而升入皇仁和英皇兩校第三班肄業的。關於收費，大埔小學和長洲小學因爲都設在市區之外，收費較平。大埔小學每生每月二元，長洲小學每生每月納五角，其餘四間都在市區，收費尙高，每生每年均繳納六十元。

灣仔小學(或稱灣仔書院，灣仔官立學堂)(Wan Tsai School)是香港現有的官立學校中有最久遠的歷史的。我們翻開香港的沿革史就知道這間學校大概是在一八七三年建立，預備容納學生一一九人的。及至一九〇八年因爲人數加增了，於是又完成了擴充的校舍，可以容納多一倍的學生。近年來(一九二八)年又建了新的校舍。現在有學生二〇八人(照一九三八年的統計，以下同)．有英文教員八人，漢文教員二人。全年經費爲五三，七一一·二四元。一九三七年該校的校長一位曾在淸華大學任教的中國人，巢坤霖先生。大概當時在香港政府所辦的學校之中，而有獨當一面的責任的，在華人之中就要算他的地位爲最高的了，因爲他的地位大約是和油蔴地小學和育才學校(書院)的英人學校可以分庭抗禮的呢。但一九三八年又輪派另一位英人充當校長了。

油蔴地小學(書院)(Yaumati School)大概是一九〇五年建立的。計劃是容納二百學童的。後來在一九一二年校舍又經過相當的擴充，現在有學生二九〇人，英文教員十人，漢文教員三人。校長是一位英國人。全年經費爲六六，六五二。一六元。

育才學校(育才書院)(Ellis Kadoorie School)在三十年前是香港一間很負時譽的學校。歷史是很長遠的。它原本是一所受補助的私立學校，後來於一九一五年由政府辦。校舍校地是很寬濶的。現在有學生四九七人，英文教員十八人，漢文教員四人。校長又是英國人。全年經費爲九八，七六九。五九元。

峽道小學(書院)(Gap Road School)設在跑馬地，黃泥涌。大概就是歷史攸久的黃泥涌小學，(最初是於一八五四年設立，後停辦)的承繼者。現在有學生一八〇人，英文教員七人，漢文教員二人，全年經費爲三八，八二八·八〇元。

大埔學校(英文學校)(Tai Po School)設在大埔。現有學生一二七人，英文教員五人，漢文教員一人。現有的新校舍是一九三七年所新建的。

長洲小學(官立學校)(Cheung Chow School)設在長洲。現有學生七十八人，英文教員四人，漢文教員一人。全年經費爲一四，五九五，〇二元。

以上峽道小學，大埔小學，和長洲小學都是三年制的英文小學，校長俱是華人。

（卯）官立印度兒童小學（Ellis Kadoorie Indian School）是一九一六年創立的，目的是專為教育印度的兒童。在英語上它的名稱是和育才書院的名稱相同的，大約同是紀念一個捐資創辦的人罷。這是一所五年制的英文小學。現在有學生一九七人，教員十人，校長是一位英國人。

（丙）官立漢文學校，香港的政府設立的漢文學校，除了兩所漢文師範，和一所漢文中學及漢文師範之外，屬純粹普通漢文學校，祇有一間，這就是元朗的漢文小學。單從這一點來看，我們可以看出一九三五年的英國教育部派來視察的督學指出香港對於漢文小學自後認要加倍注意的理由了。關於那三間的漢文師範學校，我們在下一節截述師範學校時才再提及。

元朗漢文小學是一九三、年建立的。它原本都不是漢文小學。設立之時本來是英文學校，後來改為漢文小學。這個變更直至一九三七年九月才完成。現在是一所「高等小學」，各科均以漢文教學，英語則祇作為學校功課中的一門而已。現在有學生一二八人，英文教員三人，漢文教員二人。校長為華人。學生每月繳費五角。學生畢業後甚少到市區升學的。全年經費為一六，三〇六·八八元。

（丁）官立師範學校。政府歷年辦有三所師範學校，而這三間師範學校都是漢文學校，又因為其中的一間是兼辦普通漢文中學的，所以香港政府每每把這三間學校歸併入漢文學校的範圍內。但是因師範教育本來是應另有他的性質的，我們還是把他們抽出分別討論較爲合序。

香港政府所辦的師資訓練場所共有四個，現在臨時或可謂爲五個，（香港大學文學院內的教育學系不算在內），即(子)官立漢文男子中學及師範學校，(丑)官立女子漢文師範學校，(寅)官立大埔男子漢文師範學校，(卯)官立夜校附設的漢文師範班，和(辰)自一九三九年九月創辦的官立師資訓練學院。

(子)官立男子漢文師範及中學校。這間學校從前是稱爲漢文中學的，現已改稱漢文師範及中學校了。這間學校分爲兩部，卽中學部和漢文部。這間學校的中學部是以中文爲主，但設有英文一科。全個課程共有八年，畢業的學生近來有些考進香港大學的中文學系(中文學院)，有些考進中國的大學。師範班的課程爲二年，畢業後可補充官立漢文學校教員的空缺或介紹到受補助的漢文學校教學。這間學校共有學生二五二人，英文教員七人，漢文教員九人。校長是華人。學生每年繳費二十四元。全年經費爲六七，六八九•三七元。

(丑)官立漢文女子師範學校。這間學校從前是四年制的，自一九三八年起改爲三年制。現有學生一八四人，漢文教員十二人，校長爲華人女子。學生每年繳費二十四元。全年經費爲二三，六五七•一〇元。

(寅)官立大埔男子漢文師範學校。這間學校是專爲供給農區的小學師資而設。學程亦爲三年。現有學生四十一人，漢文教員二人，其中一人稱主任教員 (Headmaster)。全年經費爲八，八九八・五七元。

（卯）官立夜校附設的漢文師範班是男女兼收的。內分爲英文師範和漢文師範。這兩班的課程都是三年的。從前兩班都是在晚間上課的，現在英文師範班已經改在下午上課了。學生多是現任教師。英文師範課程包括有英文文學，發音學，教學法，教學視察，與教學批評等。這間夜校的主任爲英人。漢文師範班設有華人主任。

（辰）官立師資訓練學院是根據一九三八年港督羅富國爵士所委派的委員會去研究香港師資訓練問題報告書所建議而設立的，這間師範學院自一九三九年九月就開始招生上課。學程以兩年爲期，內分兩組，一班爲英文師範，一班爲中文師範。這個學院是招收中學畢業生的。現在正在般咸道建築新校舍。校長是英國人。這間學校成立之後就把上面所說的夜學的師範班取而代之了，大概這是可以看作促進漢文小學教育的積極的準備工作。

（戊）官立職業學校。

在許多國家師範學校都不算在職業學校之內的，但是在香港的教育行政上有時是有點混雜的了。比如，在他們的教育統計，師範的統計是併入職業教育之內計算的。

香港的官立職業學校共有三所：一爲初級專門工科學校（Junior Technical School），一爲高級工藝學校（Trade School），一爲夜學（Evening Institute）。說起來「專門」(Technical)的名稱和工藝(Trade)等相比，前者似屬高深一點的訓練，但是在香港是不然的，在低級的職業學校則用「專門」(Technical)的名稱而在高級的職業學校則反用工藝

(Trade)的名稱。研究香港教育的人都不可忽略這一點。

(子)官立初級專門學校是一九二三年創立的，目的在給予未來的工匠于未受「徒生」訓練之前的一種準備(Pre-Apprenticeship training)。學程是三年的，收受十一，二歲的曾在漢文小學肄業五，六年的學生。學生每人每月繳納學費三元(全年三十六元)。課程除英語外有工場實習如繪圖，仿圖製物，鑄模型等學習。學生畢業後皆入工廠做事而夜間再入夜校修習工藝科目。亦可升學官立工藝學校的。近來因爲學生畢業之後有許多是投入船塢做事而有特別的優待，所以對於英文一科尤爲重視。教員十一人，俱爲英文教員，學生共一三一人，校長爲英人且爲教育司署高級職員之一，全年經費爲二八，四七〇．四〇元。

(丑)官立工藝學校(灣仔高級工業專門學校)是一九三六年經香港大學副校長韓尼路氏創立，而是一九三八年才正式行開幕禮的。校長由初級專門學校校長兼任。入學者必要有相當英文程度，有從初級專門學校畢業後升入，有在分區的官立英文小學畢業後考進的，亦有由英文中學投考的。現設有三組(或系)，即無線電組，建築組，和汽車工程組，三年畢業。現全校共有學生一三二人，每組有學生四十至六十人。教員十人(俱作英文教員待遇)。全年經費爲九〇，二四四．二三元。學生每月納費四元(全年四十八元)。此種學校雖屬新辦，但投考的人甚多，因而不能獲得取錄的甚多，聞謂汽車科工廠的華籍指導教員甚感缺乏，故招生之擴充甚覺難於舉行(註十一)。

(寅)官立夜校或稱爲夜補習班(Evening Institute or Evening Continuation Classes)

是有較長久的歷史的。這間學校原本是稱為專門訓練所(Technical Institute)的，但自初級專門學校成立之後，改易今名，以免混亂的。這所官立夜校現共分十一科(間有增減)，共設四十餘班，分七個地點上課，共有學生一，二四三人。計分英語，測量，建築，工程，造船，衞生，師範(英文和漢文)，簿記，速記，體育教練，和電力工程等科。除英文師範班外，俱在夜間上課。上課地點，分在皇仁書院，英皇書院，庇理羅士女書院，工藝學校，初級專門學校，石礦灣和紅磡七處，每年上課的日期為七個月。修習建造科的，一經主任教員介紹即有僱用者，而此種學生受僱不久每能即升為管工了。學生每期學費：習普通科的為十元，習工藝科的五元，習漢文師範科的一元。屬聖約翰救傷隊隊員的得折半收費，並且於修習完畢考試及格後，得領回原繳之半費。這所夜校經費為三七，九六七・五九元，除學費收入九，八二〇・五元外，實支二八，一三七・〇九元，平均夜校每生的教育

註十一：大公報二十九年二月二十三日本報特訊：灣仔高級工業專門學校，係由前港督威廉貝路爵士與香港大學監督韓尼路所創辦。自一九三六年建築完成後，即開始上課，以三年為畢業期，去年底，該校舉行第一屆畢業試，其合格人數與合格學生之人名表已於日昨揭曉，此次參加工程系首屆畢業試者計共二十三名。……查高級工業學校內分工程科，無線電科，汽車科，各班課程，注重實習，故工程科畢業生如建造，圖畫，結磚，落石屎，打鐵，做木等無不能之，此為該校之特長。各級學生最低須有英文第二班程度，而由有體面紳商保送，始能入學云。

費爲三〇・五五元。

(二)政府補助的學校：

我們在上面把政府自辦的二十所學校分別敍述。現在想把政府補助的學校分別說說。

政府補助私立學校的辦法，是英國教育行政所最通行的。這種學校的經費除校舍一項之供給之外，間或和官立學校所得到政府的經費完全沒有分別的，在英國有許多教會從前自辦的學校，現在因爲捐款的不容易和教會人士對於公共教育的賦稅已有負担，而又因爲政府有此種極通融，極優待的補助辦法，多已自願遵照政府的視導標準由政府接辦了。英國的教育制度每稱這種學校爲 Non-provided Schools 是和公立學校 (Council Schools) 的稱爲 Provided Schools 的對稱。所謂 Provided「供給」的意思是指校舍的供給，來代表這兩類的學校的主要分別。

說起來，補助的學校是有三種：(一)除校舍之外，一切費用由政府供給 (Non-provided Schools)，(二)政府補助的學校而數目屬較大的，(Grant-in-Aid Schools)，和(三)政府給有些少津貼的學校 Subsidized Schools。第一類的全費補助的學校在香港大概是沒有的，大概育才書院原有主持人已經完全放棄辦理的權，不能算屬此類的學校了。所以我們在下面祇想把政府補助的學校分爲(甲)補助的學校和(乙)津貼的學校二種討論。

(甲)政府補助的學校 (Grant-in-Aid Schools)

政府補助的學校大概可以再分爲三種：

(一)男子的英文補助學校(二)女子的英文補助學校和(三)女子的漢文補助學校（香港沒有男子的漢文補助學校）。

(子)男子的英文補助學校共有七間，即聖保羅書院，英華男書院，拔萃男書院，聖約瑟男書院，喇沙書院，華仁書院，和華仁分校。除華人分校一間之外，餘均屬教會設立的。各校之經費的補助費都是一律，即每生每年補助四十元。又除華仁分校祗設六班外，餘均設八班，這些學校都是辦有寄宿的，現試將各校概況在下面略述：

聖保羅男書院（St. Pauls' College）是香港學校中歷史最悠久的。它是一八四三年創立的，差不多和香港開埠的歷史一樣長久。創立的是聖公會傳道會，是用來訓練聖公會的華人傳教士的。這間學校至今仍然存在，不過很早就已改變，成為一所普通的中學了。他是香港一所有名譽的學校。現在有學生四四六人。政府的補助費（一九三八年）為一五，〇四〇元。

英華男書院（Ying Wa College）（Anglo-Chinese College）的歷史和聖保羅書院很相似。它是一八四四年創立的。創立的也是英國的傳道會，目的又是想用來訓練華人宣教士的，其後又變為一所普通中學。但所不同的就是不同的教會所設立，創辦英華書院的是倫敦傳道會而不是聖公會傳道會而已。可惜近年來遷往九龍新校舍以後就沒有從前的聲望了。現在有學生三二〇人。政府的補助費為一一，二〇〇元。

拔萃男書院（Diocesan Boys' School）設立已有七十年了。它是一八七〇年英國的聖公會所設立的，它的英文名稱原本是聖教管轄區的學校的意思，但是中文稱爲拔萃書院，因爲他從前任過數十年的校長的是一位英人名Pearcy的，所以譯名該校爲拔萃。其實在香港的中國人每每稱該校爲「阿跛書院」，因爲Pearcy校長是跛的，這間學校在今日是香港一間收費最高，學生來自最富裕的家庭的。眞是和他創校時的目的和性質大不相同了。一八七〇年時，他的名稱原是教區學校及男孤兒院The Diocesan School and Orphanage for Boys，這眞有發人深省的地方。其實一切今日稱爲貴族的教會學校，在幾十年前創立的時候都是爲傳道的寒士和貧窮子弟而設的。現在因爲教學和訓育的完善，貧民子弟就通通被富家子弟以納費的能力把他們排擠出去了。拔萃書院現有很美麗的校舍建在九龍太子道的山崗上，擁有五〇六位富有人家的學童了。政府的補助費爲一六，三二〇元。

聖約瑟書院（St. Joseph College）是羅馬天主教會於一八七五年設立的，香港人士每每俗稱這書院爲「羅馬堂」，是一所很有名譽，而名聲不墮的學校。現在有學生七七〇人。政府的補助費爲二六，七二〇元。

喇沙書院（La Salle College）是一所新辦的學校，是在九龍區域羅馬天主教會所設立的。辦理和性質都與聖約瑟書院相似，且有聯絡。校舍非常宏敞壯觀。現有學生九一八人。政府的補助費爲三三，六〇〇元。

華仁書院（Wah Yan College）是一所新辦的學校，沒有很久的歷史，是景教會 Jesuit Fathers（天主教的一支派）所設立的。辦理甚有成績，頗能趕上其他舊有的學校。現在學生九五一人，爲各補助學校中人數最多的。政府的補助費爲三五，二〇〇元。

華仁分校(Wah Yan Branch School)更屬較近設立的，而又不屬教會的學校。它祇辦六班，不設高年級，高年級學生可以升學正校，現有學生五一八名。政府補助費爲一一，二〇〇元。

(丑)女子的補助學校共有八間，即拔萃女書院，法國嬰堂書院，聖心書院，聖法蘭斯書院，聖瑪利亞書院，聖士提反女書院，聖士提反女子幼兒學校，和瑪利諾(姑娘堂)書院。這些學校沒有男子英文學校的歷史，但是，和男校一樣的是香港的上層社會的兒女的教育場所了。各間學校都是教會所設立的，其中五間是天主教所設立的，三間是聖公會所設立的。政府對他們的補助是按名每年補助三十五元，較男生少五元。

拔萃女書院(Diocesan Girls School)是聖公會所設立(一九一三)，辦有中學八班和幼稚班。學生有三三二人。政府的補助費爲一〇，七一〇元。

法國嬰堂書院(French Convent School)是天主教所設立，設有中學八班和幼稚班。學生有四九六人，政府的補助費爲一五，四〇〇元。

聖心書院(Sacred Heart School)(又名意大利嬰堂)是天主教會所設立的(一九一二年)，共設有八班，幷兼辦幼兒班，學生有六五三人，政府的補助費爲二〇，八二五元。

聖法蘭斯書院(St. Francis School)亦天主教會所設，祇辦小學四班和幼兒班。學生二一六人。政府補助費爲六，一六〇元。

聖馬利亞書院(St. Mary's School)乃天主教會所設立，辦有中學八班和幼兒班。學生八四九名，爲女校中人數最多者。政府補助費爲二四，○四五元。

聖士提反女書院(St. Stephen's Girls College)是聖公會所設立(一九二四年)，設有九班和幼兒班。學生六五四人，政府補助費爲九，九四○元。

拔萃女書院幼兒學校，屬拔萃女書院之一部而分別設立的。祇辦幼兒班，學生七十九人，政府的補助費爲二，一○元。

瑪利諾女書院(Maryknoll Convent School)是天主教所設立的，辦有八班和幼兒班。學生有四九九人，政府補助費爲一四，九八○元。

(寅)女子的漢文補助學校共有三間，即聖保羅女書院，英華女書院和協恩女子中學，這三間學校是採行中國的六三三制的，即六年小學，三年初級中學，和三年高級中學的。這大概是它的稱爲漢文學校的原因，但是事實上他們的課程許多都是英文教學和由英國人教授的；聖保羅女書院和英華女書院并且每年都有學生考香港大學入學試，而又能及格，和其他的英文學校的學生一樣的。因爲他們是漢文學校，所以政府的補助金就有差等了。學校領得學生每名每年的政府補助費不是三十五元，更不是四十元，而是十四元而已。

聖保羅女書院(St. Paul's Girls' College)是一九一五年創立的，創校至今三十五年，是一所聖公會的學校。除小學外，兼辦幼稚園。校舍特別宏壯，設有室內游泳池。收費爲香港女校之最貴者，現有學生三一九人，一九三八年的補助費爲四，○四六元。

英華女書院(Ying Wah Girls' College)是英國倫敦傳道會所設立的，成績很好。學生現有四六四人，政府的補助費為六，一〇四元，校長是英國人。

協恩女子中學(Heep Yunn Girls' School)是聖公會所設立的。它是一個新的學校名稱，但是由兩間舊的女子學校合併而成的，一校是飛利女子學校(Fairlea Girls' School一八八六年成立的)，一間是維多利亞小學(Victoria Home一八八七年成立)。這個合併是一九三七年的事；那年二月協恩正式開學。新校址在九龍城馬頭角農圃道。校舍壯麗，建築費是領到政府八，六五〇元的補助的。現有學生四一九人。他們的課程是準備學生入中國的大學而非香港大學的。政府的補助費為五，二六四元。校長是中國人。

(乙)政府津貼的學校　(Subsidized Schools)

上面所述的補助學校共有十八間，每間學校所得的補助費比較是算大宗。他們的辦法是照「補助法」辦理的。除這些學校之外，當有差不多三百間學校得到政府的津貼，照一九三八年的統計這些津貼的學校共有二八三間，學生數目共二一，七七七人，津貼費總數一〇八，八三五元。約佔全港學校數四份之一，學生人數五份之一，津貼費約佔教育費百份之九。受津貼學校是有許多類的；有些是英文學校，有些是漢文學校，有些是舊式私塾，有些是職業學校。這些學校得到最多的經常費的補助的大概要算私人辦的民生書院(Man Sang College)。近年來每年有六，〇〇〇元的津貼。此外西營盤天主教所辦的聖類斯職業學堂(St. Louis Industrial School)每年有四，八〇〇元的津貼亦算特別大宗的。

照香港政府的教育統計，他們喜歡把這些受津貼學校分為市區的和農區的。照他們一九三八年的教育報告書裏所載，市區的受津貼學校有一六四間，學生註册人數一五，九四○人，平均出席人數一五，一六五人，津貼費為八八，三二○元，平均每校佔五三八•五四元，每生佔五•五四元；農區的受津貼學校有一一九間，學生註册人數為五，八三七人（內女生八四八人），平均出席人數為四，四○七人，津貼費為二○，五一五元，平均每校佔一七二•三九元，每生佔三•五一元。

（三）沒有受政府補助或津貼的學校

香港的學校總數一，二四九間，學生總數為一○四，一三四人•沒有受政府補助的學校共九二三間，學生註册人數共六五，二三○人，其中有英文學校，有漢文學校，有屬中學的，有屬小學的，有屬職業性質的。此外尚有不受補助而并且不受視察的有六所英文學校，一所為赤柱的聖士提反男書院，有學生一八四人，五所為駐軍所辦的英童小學，有學生三八六人。

在不受補助的一四五所英文學校之中，有六所是中學程度的，一三三所是小學程度的，六所是職業性質的。在不受補助的七六八所漢文學校當中，有一○一所是屬中學程度的（如嶺南大學附屬中學，培道中學，真光中學等屬之），有六七五所是屬小學程度的（如香港史塔士道的嶺南小學，何文田的培正小學及許多私塾屬之）及有兩所是屬職業性質的。

我們在上面把香港各種學校的大概情形從香港教育行政經費的觀點分為。（一）政府的學校，㈡補助的學校，和㈢沒有補助的學校三方面來敘述。雖然所記的是很簡略，但是想或可以把香港各種學校的一般情況說出。至於各校的辦理詳細情形，和創校經過等等，作者感覺這文的記載實有語而不詳的缺憾，但是爲着時間的關係惟有等待另一個機會再來補充了。

第四節　香港學校行政，人員與收費

香港的學校行政組織，因爲有這許多種類的學校，實在是不容易總括來說。比如，香港近來有許多在中國政府立案的學校，他們的組織是要照中國政府所規定的嚴密制度辦理的。例如中學行政要分爲教務，訓導，體育，事務四處，而每處又分爲若干組，每處設處主任，每組設組主任等等，這不過是和政府的機關一樣，大概是注意組織化和學校多像一「政治生活」，倘若我們這些學校的組織和香港原有的學校的組織比較，我們不能不說香港的學校組織是因陋就簡到極度了。他們有許多有名的學校，沒有董事會，全校事宜都集中在校長一身，沒有各種行政組織，各種職員，或教務會議，訓導委員會等等，甚至連學校的簡章都沒有的。倘若校外的人士有要查問的事，就要用通信的方法逐一查問，逐一答覆的了。校內行政純是一種人治的事情和祟因襲來支配的事情而不是法治的事情。

政府的學校校長和教員的委任是屬教育司的權限。其他一切的學校，根據立案的規程，要有一個負責的，一個他們稱爲「主管人」(Manager)的，董事會的有無是他們所不管的。因爲組織的簡單，學校的生活，除了課室的活動以外甚少注意的。近年來對於童子軍和普遍的體育活動頗爲注意，想係受了英國現代教育的影響和廣州的學校的一點激刺罷。至於學生的自動的組織，除了些少的游藝會之外，是香港的學校所不慣鼓勵的。

香港的學校的主管人的名稱有許多種，有稱爲主任教師(大先生)或主任女教師 (Headmaster or Headmistress) 的，有稱爲校長(Principal)的有稱爲主任教員(Head Teacher)的。主任教員大概是指小學而言。在香港原有的有地位的學校十之九都是由英國人任主任教師。校中的英國教員的待遇和中國教員的待遇是不同的(關於這點詳見第二編第七節)。但是中國的教員倒是不爲待遇而力爭，他們甘於現有的待遇之一個原因大概是因爲他們在校內和英人同事的薪俸相比較是很低，但是和中國人所主持的私立學校尤其是由廣州遷來的學校教員待遇比較就眞要算是優越之極了。廣州遷來的學校的中學教員連月薪七八十元都不易得到呢。

香港政府的學校和補助的學校的教員稱爲曾受訓練的教員的共分爲四級：(一)領有英國教育部所承認的教師證或同等的資格的，(二)香港大學畢業生，(三)曾在政府的漢文師範學校修業完畢而合格的，(四)曾在政府辦的夜校的英文或漢文師範班修業完畢的。教員的待遇是照資格的等級。

關於學校的經費，政府的學校自然是教育司直接管轄。受補助的學校的收支數目是要供給督學隨時檢查的。至於其他的私立學校的收支，政府大致上是不過問的。教會學校每有教會的補助。公立學校就有設立的機關的支持，其他私人的學校就大多數祇有靠學費來維持了。近幾個月來因爲政府對於校舍的標準提高(或是與注意漢文小學運動有關的)，許多這樣靠學生學費來維持和靠租賃房屋來做校舍的學校就感覺異常困難支撐了。

香港有名的學校，正如英國有名的學校一樣，如艾登公學，哈侶公學(Eton& Harrow)之類是辦寄宿的，不過，在香港，有許多都是兼收通學生的。但政府自辦的學校是不設宿生的。

關於各學校的收費狀況，曾昭森教授也曾做過一個調查(註十四)。大概學生在香港的較爲有規模的學校讀書，每年要繳納的學費大概如下：香港原有的中學校寄宿生最高爲六一九元，最低爲一五一・五元，通學生最高爲四九〇元，最低爲一〇五元。中國學制的學校寄宿生中學最高爲四〇一・四元，最低爲一三〇元；小學最高爲三四三元，最低爲一〇八元；通學生最高爲二一二・六元最低爲五〇元；小學生最高爲一四四元，最低爲二八元。

第五節　香港學校的課程與考試

香港學校的課程，除了受政府補助的學校之外是很自由的，祇要用書不作不利於香港的政治宣傳和公安就算了。宗教與否，陳舊與否，經典與否，文言與否，教授何科等等都

註十四：見教育雜誌三十號第五期：曾昭森，李冬青：香港學校的收費之研究。

是政府所不過問的，不受補助的學校大概有三種課程，一種是中國未辦新學以前的教材，一種是中國現有中小學課程，一種是香港英文學校的課程。因爲許多學校都是地方性質的學校，他們的課程都是隨便的採用，每每是三種的課程都扯一點。大概英語科是他們所必特別注意編入的，這是當然的了。不過這不是說香港對于英語的教學法有甚麼研究，它仍然是一個不講求教學法的一個科目，聖經的教授是許多教會學校或基督教徒所辦的學校的一個仍屬普遍的科目。

至于政府補助的學校呢，就要依照政府的英文學校和漢文學校的課程大綱來辦了。大致來說香港的學校課程是很陳舊的。若果和中國的中小學課程來比較，就很清楚的顯出他的內容與組織的落伍了。香港的學校有一點特色，這是低年級的教授香港地理。課本和教法顯然不好，但是「鄉土」地理是我們中國小學地理教學的一個很大的缺乏。

此外尚有些兼向國民政府的僑務委員會和廣東省教育廳立案的學校。他們雖在海外，可以作爲華僑學校看待，但是因爲和廣東的接近就要依中國的學校的課程才能得到廣東教育廳的承認。因爲現况的關係，英語一科就每每從小學起就都增設了。

要知道香港學校的課程的精神與目的，我們當留意香港英文學校的兩種考試，一是中學結業試，英文稱爲 School Leaving Certificate Examination，慣于中國的教育的人每每喜歡稱他爲「香港的中學會考」。其他一個是香港大學入學試。中學的結業試祇是政府所設立的英文學校和受補助的英文學校才要參加的。

本來香港在過去的三十年來爲着上述的兩種英文學校舉辦有兩個考試，一個叫做地方初級考試（Junior Local Examination）和地方高級考試（Senior Local Examination）。初級考試是在第二班修業完結時舉行的，高級考試是在第一班修業完舉辦的。但香港教育委員會于一九三二年提議把這兩種考試取消，而用中學結業考試來替代，并交由香港大學主持。這個辦法在一九三五年實行。第一次的中學結業考試就由香港大學主持的。不過，同年（一九三五）英國教育部派部督學賓尼氏（E. Burney）來香港視察，他對于這個考試有兩點建議（一）是另組一個考試委員會來主持這個考試。委員人選是教育司（任會長），本港的高級督學一人（任主席），官立男子英文學校校長二人，受補助的男子學校校長二人，女校校長二人，校長六人之人選均以學生人數較多者決定之。（二）這個考試應在未參加香港大學入學試之前一年級舉行，即在修完第二班功課時舉行。第一班則專爲預備升入香港大學的學生而設。其餘的學生就在第二班完了之後就算中學修業完畢。這個建議果然受香港的政府接納，自一九三七年開始實行。一九三七年六月第一次由這個教育司的考試委員會主持。參加的學生有七二一人，及格的有四二三人，約佔百份之六十。一九三八年六月的考試，參加的有八一〇人，及格的有五五四人，約佔百份之七十，其中有四十九人成績認爲優異的（Honour）。（男生參加六三四人，及格四〇四人，優異的三十五人；女生參加的一七六人，及格一五〇人，優異的十四人）。

自一九三九年起中學結業考試的科目計有英文，地理，葡萄牙文，法文，印文，（印度回教徒所用的印度語）物理，化學，植物，代數，三角，歷史，幾何，家政等科。以上各科的考試綱目都有新的修正，有些是在一九三九年照新綱目實行，有些是在一九四〇年才開始執行的，參加考試的人對於所考的學科是有選擇的。拉丁文現在已經取消不用作考試的科目了。自一九四〇年起現代語的考試兼採口試。

關于香港大學的入學試，是和香港的英文中學有很密切的關係的，因爲香港英文中學的課程是以投考香港大學爲鵠的。倘若學校的學生投考人多和及格的人數多和比率又高，這就證明這間學校的訓練的優良了。社會人士以這點來做爲他們子弟選擇學校的標準，而政府對于這些學校的補助亦以這一點爲重要的根據。學校的當局對于成績低劣的每每不肯送往投考，而成績優良的就當然鼓勵他們參加了。香港大學的考試的取錄是很公平的，所以這些考試幷沒有人事上的複雜。

關于香港大學的入學試的考試科目，我們在香港大學的課程一段再有載及，關于考試的成績照一九三八年的報告，投考的人數有三七六人，及格的有一九二人，約佔投考人數百份之五十一，（其中男生投考的爲二八六人，及格的一四三人，佔投考人數百份之五十；女生投考的爲九〇人，及格的爲四十九人，佔投考人數百份之五四·四）。

第六節　香港大學

·雖然香港大學是高等教育的範圍，不屬香港教育司的行政範圍，但是我們研究教育的人不能把他缺出的；所以我們在第三個研究的尾段想把它略述一下。關于香港大學的辦理大概情形，香港大學教育系的科士打教授也曾有過一篇很好的報告（註十五）。

香港大學的成立快要到三十年了。他的開辦是以香港醫科學院為根基的。香港醫學院是一八八七年成立的。孫中山先生是它的一位最早進校的學生，並且是它的第一屆畢業生（一八九三年七月）。這點大概是香港大學所應當引以為榮的。

因為香港大學設立的時候就有許多經費的顧慮，所以若果沒有一所已經存在着的學院，而想在開設時就設立兩個學院的大學未必會容易在當日成功的。當時適因醫科學院正在感覺地方不够用，正要計劃建築，所以這個辦大學的計劃甚為醫學院所歡迎，于是水到渠成了。

最初盧格總督(Sir Frederich Lugard)在聖士提反頒發獎品的時候，偶提及希望香港將來有一日設立一所大學。後來有一位香港的印度波斯商人(Parsee)穆地爵士(Sir Harmusjee Mody)願意捐贈十五萬元為建築費。盧格總督于是招集香港的人士開會來討論這個問題。

註十五：A. Forster. Education in Hong Kong, Educational Year Book, 1933, pp. 687-698

他當時聲明，這間大學若果成立，必要經費自立，政府不能負責任給養的。政府所能做得到的極其最都不過捐出一段地和每年補助多少，而倘若想辦兩個學院——醫學院和工學院——就要有一百萬元的欵項。

這個動議甚得各方人士的贊助，太古洋行捐助五萬鎊（約五十萬元），太古糖廠捐助五千鎊（約五萬元），海洋輪船公司捐五千鎊（約五萬元），廣州人士由兩廣制台（總督）張人駿(Chang Jen Chung)的號召又合共捐助二十萬元。除香港的華人之外其餘尙有散居各處的中國人士如廈門，西貢，牛莊，吡能，梧州，澳門，澳州等處的華人都有捐助。中國的政府，和中國總稅務司，澳門總督，上海工務局，星加坡總督等都有捐助。最奇怪的，英國的殖民部部長雖然很贊賞這個舉動，但却沒有拿出英政府經濟的援助。英國的捐助則祇有每年三百磅的獎學額，稱爲愛得華第七的獎學金。開辦的數目籌足了。于是就在一九一二年二月十一日宣告成立。我們大概見到中國人和中國政府對于這個大學的贊助。當時廣東總督並且有這樣的說過：倘若這個計劃成功，中西人士都可獲益而教育的程度又可提高，兩國的邦交可日日更趨親善等語。

香港大學設立的目的：

香港大學設立的目的在中國人士當時的觀點大概是想就地得到外國的高等教育而可省一點費用和同時可以使得青年人得到家長就近的看管。提倡兩國的友好，大概是英人和對英國友好的中國人都有的用心。在香港大學的教育來說是想（一）達到英國大學的程度。

(二)不分種族的界域，(三)不分教派，(四)注意學生的品格的培養。學生必要在校內住宿若干學期。和第三點有關的就是各教會都有在校內建築宿舍（如天主教建築利馬竇宿舍，聖公會建築聖約翰宿舍，倫敦傳道會建築馬禮遜宿舍等）（五）學科教學以英語爲工具，(六)設中文語言及文學科目，(七)學科辦工科醫科以求實用，辦文科以備學生進入仕途。(八)香港和遠東的英屬地祗辦一所大學，不願在同一地帶有和香港競爭學生的大學。

香港大學的組織：

香港大學是不直接隸屬香港殖民地政府的，但是他却同政府有關係。他的監督是香港的總督兼任，實在的行政責任就在副監督。此外設有大學的董事會(Conrt)，執行委員會(Council)，和教務會議(Senate)，前兩者是參加許多校外的人士和政府人士的，後者是校內高級人員組織的。香港大學的組織一九三九年時根據一九一一年的組織法修改了，他們的詳細組織大概如下：

大學的董事會由七十二人組成的，現改爲二十八人，其中有三名必爲該校畢業生。大學董事會是大學裏最高的機關，它享有一切關於大學內部行政的權，有增減會員名額的權，有指揮執行委員會和教務會議之權。執行委員會是由二十一人組成的，即香港總督，香港大學副監督，香港大學祕書，大學司庫，香港殖民財務大臣，工務司，華民政務司，教育司，公共衞生司，滙豐銀行總經理，交通司，醫學院院長，工學院院長，文學院院長，和兩位教授，一位該會祕書組成的。執行委員會是大學內的行政機關，該會有執行學校內的事情和財政權。教務會議由二十人組成的，即香港大學副監督，香港教育司，十七位教授和一位該會秘書組成的，該會有權主理關于大學的課程和訓育的問題和事情。教務會議設有常務委員會以處理例行事件。

現在設有學院四個：即醫學院，工學院，理學院和文學院。每院設院長一人，每系設教授(Professor)一人，教習(Readers)講師(Lecturers)，教員(Tutors)及助教(Demonstrators)各若干人。全校並設有註冊主任一人。

醫學院共分六系，即藥劑學系，外科學系，人體學系，病理學系，生理學系，和解剖學系。工學院共分三系，即土木工程系，機械工程系和電氣工程系。理學院共分三系，即生物學系，物理學系和化學系。文學院共分十系，即英文系，教育系，社會學科系，商學系，歷史系，中文系，數學系，物理學系，化學系和生物系。全校現共有學生五一六人，男生佔四〇四人，女生佔一一二人(一九三八年)。

香港大學的課程：

香港大學的醫學院是六年的，其餘各學院都是四年的。醫學院的課程是依照英國醫學委員會(British Medical Council)所規定的。醫科學生畢業的就給予醫學士和理學士(M. B. & B. S.)兩學位，若經過專門的研究和提出論文與考試及格，就給予碩士和醫學博士(M. D. & M. S.)學位。工科畢業生給予工學士(B. Sc. Eng.)。理科和文科畢業生給予理學士(B. S.)或文學士(B. A.)，畢學後兩年提出論文與筆試及口試及格的，給予碩士(M. A.)學位。教育科設有研究的訓練，發給高級教師證書 Post-Graduate Diploma。

投入香港大學的必要經過入學考試。投考的學生大多數是由香港的英文中學而來的，每年招考一次，投考的人須于每年二月以前報名，並繳納二十五元的報名費。每年六月舉行考試，考試科目共分爲五組，均有選擇(註十六)。

第一組是英文。

第二組是外國語文，即中文，高級中文，特別中文，拉丁文，印文和其他被認可的近代文。

第三組是科學，即物理，化學和植物。

第四組是數學，即初級數學和高級數學。

第五組是社會學科，即歷史，地理和聖經常識。

註十六．University of Hong Kong Students' Handbook 1938-1939.載考試學科分爲五組，即(一)英文，(二)外國語言，包括中文，高級中文，特別中文，拉丁文，法文，印文或其他被認可的近代文，(三)科學包括物理，化學和植物，(四)數學包括初級數學——代數，幾何和三角——和高級數學，(五)社會學科包括歷史，地理，聖經常識。凡投考大學三院任何一院的須在五類學科中選擇，即第一組英文必須合格，第二組中可任選一種語言，在第四組中可任選一種數學，在第五組中可任選一種社會學科，此外再在第二，第三，第四，和第五組中任選一種。但是若入文學院選中文系的則必須英文，中文，高級中文和第五組學科中有兩種社會學科及格才可以被取錄。

投考的學生照一九三八年的報告，投考的有三七六八人，取錄的一九二八人，取錄人數約佔半數。

香港大學的經費：

香港大學常年的經費常常都是感覺困難的，他的預算近年來每在一百萬元以上。收支尚可相抵。我們試把它近年來的收支概況列表如下：（表見第一一〇頁）

照一九三八的支出，文學院佔一九七，二二一，五五元，工學院佔七九七，九一八・〇五元，醫學院佔二一九，八六三・〇七元。照五年內的支出平均計算，每生每年的教育費為一，七一六・五一元。因為它有相當的基金，如何東爵士捐助基金三十萬元，遮打爵士(Sir Paul Chater)捐助二十五萬元，和美國洛氏基金捐助醫學講座三名基金七十五萬元，中英庚欵二十六萬五千磅（約四百萬元）。除了學生學費之外，欠的數目很大，香港政府都常有補助的。

關于學生學費，照科士打教授的估計每生每年所拿出來的費用，一切學費什費日用費均在內，約為港幣一千三百元，內包括學費四百元，宿舍費三百元，學生會年費二十元，學生會入會費二十五元，註册費五元，及保證金二十五元。這雖然比較到西洋留學的費用少些，但已是中國國內的人士所認為極貴的了。

這次處嶺南大學因戰事遷港上課，承香港大學當局的招接，將課室晚間借用。這是香港大學主持人想為中國人教育而致力的一個很好的表現。中英的高等教育得這樣友誼的接觸，想是教育文化的一種好現象。從這點看來，我們對于香港大學創立時中國人士的贊助的美意，可以說是有了很美滿的後果的了。從香港的百年教育史來看，在這百年來它的教育發展逐漸由小學教育而至中學教育；由中學教育而至大學教育；又由傳教教育而至練商務的實用人才，進而至文化學術的研究。我們應當認這一切爲一種大進步；而應當認爲欣快的。

末了。作者的香港教育制度的一個史的研究，祇是把香港教育的背景，香港教育的行政組織，和香港學校的系統三方面敘述一遍。對于各方面的事情的歷史的由來也曾給予罕當的注意。至於各方面教育的更進一步和更詳細的研究，因爲時間和材料的缺乏的關係就祇有俟諸他日了。這論文與其說是香港教育制度的研究的結束；無寧說是香港教育制度的研究的引端。這是作者寫到這裏時的一點心情。

附錄(一)英文參考書目：

1. Historical and Statistical Abstract of the Colony of Hong, Kong 1844-1930, (Colonial Secretariat)
2. Hong Kong Educational System, Imperial Education Conference Papers, 1900, (Noronha & Co., Government Printers)
3. Hong Kong Educational System, Imperial Education Conference Papers, 1914, (Noronha & Co., Government Printers)
4. Reports of the Director of Education for the Years from 1900 to 1938, (Prison, Stanly, Hong Kong)
5. University of Hong Kong, Calendar 1936-1937 (The Newspaper Enterprise, Hong Kong)
6. University of Hong Kong, Students' Handbook, 1938-1939, (Ye olde Printers Ltd, Hong Kong)
7. Government Gazettes (Weekly), (Government Printers and Crown Agents)
8. Hong Kong, by E. Thorbecke, (Kelly and Walsh Ltd. and Brewers' Bookshop, Hong Kong)
9. Hong Kong Around & about, by W. Peplow (Kelly and Walsh Ltd. and Brewers' Bookshop, Hong Kong)

10. Echoes of Hong Kong and Beyond, by L, Forster, (Kelly & Walsh, Ltd)
11. Hong Kong Dollar Directory, 1940, The China Mail, Hong Kong
12. Hong Kong, Birth, Adolescence, and Coming of Age, by G. R. Sayer, (Oxford University Press, London, 1938)
13. Annual Report of the Social & Economic Progress of the People of the Colony of Hong Kong, for the Year 1937, (Printed at Hong Kong Prison, Stanley, Hong Kong)
14. Statesmans' Year Book, 1939
15. Encyclopedia Britanica, Vol. 11. pp. 718-720.
16. The International Relations of the Chinese Empire, The Period of Conflict, 1834-1860, (Kelly & Walsh Ltd., Hong Kong, 1910)
17. Education in Hong Kong, by L. Forster, Year book of Education, 1933, (Evan Brothers. Ltd., London).
18. Regulation of Hong Kong, 1844-1925, (Colonial Secretariat).
19. Ordinances & Regulations: (Annual), (Colonial Secretariat, Government Printers & Crown Agents)
20. Ordinance, Ball's Revised Edition (In 6 Vol.) 1844-1923, (Colonial Secretariat, Government Printers & Crown Agents for the Colonies, London.)

附錄(二)中文參攷書目：

一、香港華僑日報
二、香港大公報
三、英國政治年鑑(一九三九)
四、歐洲政府：張慶泰著
五、中國報學史：戈公振著
六、教育雜誌：商務印書館出版

一九四八年六月初版

香港教育制度之史的研究

一〇〇〇 全一冊

定價港幣貳元

著作人 阮柔

發行人 曾昭森

出版者 進步教育出版社
香港堅尼地道一二〇號
香港郵箱四五五號

發行所 進步教育出版社
香港跑馬地
黃泥涌道十七號

印刷者 誠泰印務局
香港德忌笠街二十三號

Published by
The
Progressive Education Publishers
120 Kennedy Road
Hong Kong

A Historical Study of the
Educational System of Hong Kong
By Yuen Yau

書名：香港教育制度之史的研究（一九四八）
系列：心一堂・香港・澳門雙城成長系列
原著：阮柔 著
主編・責任編輯：陳劍聰

出版：心一堂有限公司
通訊地址：香港九龍旺角彌敦道六一〇號荷李活商業中心十八樓〇五—〇六室
深港讀者服務中心：中國深圳市羅湖區立新路六號羅湖商業大厦負一層〇〇八室
電話號碼：(852)9027-7110
網址：publish.sunyata.cc
淘宝店地址：https://sunyata.taobao.com
微店地址：　https://weidian.com/s/1212826297
臉書：　　　https://www.facebook.com/sunyatabook
讀者論壇：　http://bbs.sunyata.cc

香港發行：香港聯合書刊物流有限公司
地址：香港新界大埔汀麗路36號中華商務印刷大廈3樓
電話號碼：(852) 2150-2100
傳真號碼：(852) 2407-3062
電郵：info@suplogistics.com.hk

台灣發行：秀威資訊科技股份有限公司
地址：台灣台北市內湖區瑞光路七十六巷六十五號一樓
電話號碼：+886-2-2796-3638
傳真號碼：+886-2-2796-1377
網絡書店：www.bodbooks.com.tw
心一堂台灣秀威書店讀者服務中心：
地址：台灣台北市中山區松江路二〇九號1樓
電話號碼：+886-2-2518-0207
傳真號碼：+886-2-2518-0778
網址：http://www.govbooks.com.tw

中國大陸發行　零售：深圳心一堂文化傳播有限公司
深圳地址：深圳市羅湖區立新路六號羅湖商業大厦負一層008室
電話號碼：(86)0755-82224934

版次：二零二零年三月

心一堂微店二維碼　心一堂淘寶店二維碼

定價：港幣　九十八元正
　　　新台幣　四百四十八元正

國際書號 ISBN 978-988-8583-13-3